スッキリ
うかる

日商簿記

3
級

本試験
予想問題集

滝澤ななみ 監修
TAC出版開発グループ

はしがき

●直前対策もこの1冊で

　2009年の刊行以来、ネコのゴエモンでおなじみの「スッキリわかるシリーズ」は、多くの受験生の方に選んでいただき、簿記検定対策書籍の中で一番受験生に愛されるシリーズに成長することができました。それとともに聞こえてきたのが、直前対策に関する悩みでした。ただでさえ時間の限られている本試験前にそれほど多くの問題を解くことができないというものです。

　そこで、スッキリシリーズでは、直前期に必要とされる対策をスッキリと1冊で終わらせることができるよう、次のような工夫をこらして、本書「スッキリうかる本試験予想問題集」を刊行しました。

★重要論点をまんべんなく演習できる9回分の良問を、過去の本試験問題や、TACオリジナル予想問題の中から厳選して収載！
★解説の中に問題解法のための「POINT」を掲載しているので、解くためのポイントがどこにあるのか、一目瞭然！
★重要な知識は「LECTURE」でまとめているので、ど忘れ論点の思い出しに効果的！

　さらに、日商簿記検定は、2021年度より新試験となり、統一試験（ペーパー試験）とネット試験を併用するハイブリッド方式で試験が実施されています。本書には、ネット試験の演習ができる「ネット試験用模擬試験プログラム」が5回分ついていますので、統一試験（ペーパー試験）・ネット試験、どちらの試験を受験される方にとっても、十分に対策が可能な書籍となっています。

　本書を活用し、簿記検定試験に合格され、みなさんがビジネスにおいて活躍されることを心よりお祈りいたします。

ＴＡＣ出版開発グループ

本書の効果的な利用方法

1 予想問題を何度でも解く

まずは、予想問題9回分を解きましょう。最初はわからなくても、解説や、解説中のPOINTを参照しながら、難易度Aの問題は確実にできるように演習しましょう。また、予想問題は一度解いたら終わりではありません。本書には、答案用紙ダウンロードサービスがついていますので、これを利用して、目標点が取れるようになるまで、繰り返し、演習をしてください。時間のある方はぜひ、満点も目指してみてください。

2 間違えたところがあれば、テキストで復習する

かんたんな知識であれば、本書の中でもLECTUREとしてまとめていますが、根本的な知識の抜けがある場合などは、そのつど、お手もとのテキストに戻って知識の確認をするようにしましょう。問題だけ解けるようになっても、きちんと理解していることにはなりません。手間をおしまず、基礎的なインプットを完全にするよう、心がけましょう。

3 ネット試験用模擬試験プログラムにチャレンジする

本書には、いつでもどこでもネット試験の演習ができる模擬試験プログラムが5回分、付属しています。実際にパソコンで解いてみると、下書き用紙の使い方や、日本語入力への切り替えなど、紙で解く試験とはちがった工夫が必要なことに気づかれると思います。ネット試験を受験される方は、ぜひ、この模擬試験プログラムを活用して演習してみてください。

※本サービスの提供期間は、本書の改訂版刊行月末日までです。

模擬試験プログラムへのアクセス方法

STEP 1　TAC出版　検索

STEP 2　書籍連動ダウンロードサービス にアクセス

STEP 3　パスワードを入力

240311004

\ Start! /

日商簿記３級試験について

1. 試験概要

	統一試験（ペーパー試験）	ネット試験
受験資格	なし	
試験日	年３回 ６月（第２日曜日）、11月（第３日曜日）、２月（第４日曜日）	随時（テストセンターが定める日時。ただし、統一試験前後10日間他、休止期間がある。）
申し込み方法	試験の２か月前から開始 申込期間は各商工会議所によって異なる	テストセンターの申し込みサイトより随時
受験料	3,300円　　　　　　　　　　　　　※2024年４月１日より	
試験科目	商業簿記	
試験時間	60分	
合格基準	70点以上	

本書刊行時のデータです。最新の情報は、商工会議所の検定試験ホームページでご確認ください。

2. 出題傾向

3級の出題傾向は次のとおりです。

| 第1問 | 仕訳問題が15題（１題３点）出題されます。 | **45点** |

| 第2問 | おもに、帳簿、伝票、訂正仕訳、勘定記入、決算仕訳などの問題が出題されます。 | **20点** |

| 第3問 | 財務諸表や精算表、決算整理後残高試算表の作成問題が出題されます。 | **35点** |

CONTENTS

日商簿記検定　Information

〈2024年度試験日程〉
第167回　2024年6月9日（1級〜3級）
第168回　2024年11月17日（1級〜3級）
第169回　2025年2月23日（2級、3級）
●検定試験ホームページアドレス　https://www.kentei.ne.jp/
●検定情報ダイヤル　050-5541-8600（年中無休　9：00〜20：00）

解答・解説

この解答例は、著者が作成したものです。

解き方

第1問を解いた後は第3問、第2問の順で解きましょう。第2問は配点こそ20点と少ないですが、理論の語群選択問題など短時間で解答可能な問題となっているため、優先的に解答してもよいでしょう。

第1問のポイント 難易度 A 配点 45点 目標点 36点

基本的な仕訳問題ばかりです。特に1問目は貸し付けた際に約束手形を受け取っているので「貸付金」ではなく「手形貸付金」となる点に注意しましょう。

解答

仕訳一組につき3点

(注) 実際の本試験では記号のみを解答してください。

	借　　方		貸　　方	
	記　号	金　額	記　号	金　額
1	(エ) 手形貸付金	600,000	(ウ) 普 通 預 金 (カ) 受 取 利 息	594,000 6,000
2	(ア) 売 掛 金 (エ) 発 送 費	490,000 10,000	(イ) 売 　 上 (オ) 未 払 金	490,000 10,000
3	(ウ) 貸倒引当金 (ア) 貸 倒 損 失	50,000 80,000	(オ) 売 掛 金	130,000
4	(カ) 広告宣伝費 (オ) 支払手数料	35,000 300	(ウ) 普 通 預 金	35,300
5	(イ) 備品減価償却累計額 (エ) 未 収 入 金 (カ) 固定資産売却損	560,000 20,000 120,000	(ア) 備 　 品	700,000
6	(ア) 土 　 地	19,650,000	(ウ) 現 　 金 (エ) 未 払 金	400,000 19,250,000
7	(イ) 普 通 預 金	80,000	(エ) 資 本 金	80,000
8	(ウ) 修 繕 費	20,000	(ア) 現 　 金	20,000
9	(カ) 従業員立替金	20,000	(イ) 現 　 金	20,000

解答・解説

第1回
第2回
第3回
第4回
第5回
第6回
第7回
第8回
第9回

10	（ウ）現　　　　　金	80,000	（カ）前　受　　金	80,000
11	（ア）貸　付　　金	1,000,000	（エ）当　座　預　金	980,000
			（オ）受　取　利　息	20,000
12	（エ）普　通　預　金	240,000	（オ）クレジット売掛金	240,000
13	（イ）現　　　　　金	48,000	（ウ）売　掛　　金	48,000
14	（カ）通　信　　費	1,000	（ア）貯　蔵　　品	7,000
	（ウ）租　税　公　課	6,000		
15	（ア）仕　　　　　入	60,000	（カ）買　掛　　金	66,000
	（ウ）仮　払　消　費　税	6,000		

解　説

1．資金の貸付け

お金を貸し付けた際に、借用証書の代わりに約束手形を受け取った場合には、**手形貸付金勘定（資産）の増加**として処理します。また、振込額は普通預金口座から振り込んでいるため**普通預金勘定（資産）の減少**とします。なお、貸し付けた金額と振込額の差額6,000円は利息の受け取りなので、**受取利息勘定（収益）**として処理します。

振込額：600,000円－6,000円＝594,000円

LECTURE

●お金を貸した際に、
「借用証書」を受け取ったときは「貸付金」で、
「約束手形」を受け取ったときは「手形貸付金」で処理します。

2．売上取引

商品に送料を加えた合計額で販売しているため、その合計額を**売上勘定（収益）の増加**として処理します。

また、代金は掛けとしているので、合計額を**売掛金勘定（資産）の増加**として処理します。なお、送料は後日支払うため、**発送費勘定（費用）の増加**と**未払金勘定（負債）の増加**として処理します。

売上：490,000円

● 以下の【例】のように、発送費が当社負担と明記されている場合は、発送費を売上に含めずに商品の販売額のみを売上勘定（収益）として処理します。

【例】青森株式会社へ商品¥480,000を販売し、代金は掛けとした。なお、商品の送料¥10,000（当社負担）は後日支払うこととした。

| （売 掛 金） | 480,000 | （売 上） | 480,000 |
| （発 送 費） | 10,000 | （未 払 金） | 10,000 |

3．売掛金の貸倒れ

前期以前に生じた売掛金が貸し倒れた場合、**売掛金勘定（資産）の減少**とするとともに、**貸倒引当金勘定の減少**として処理します。なお、貸倒引当金の残高を超える金額については、**貸倒損失勘定（費用）**として処理します。

4．広告宣伝費の支払い

広告宣伝費を支払ったときは、**広告宣伝費勘定（費用）**として処理します。また、代金は普通預金口座から支払っているため、**普通預金勘定（資産）の減少**として処理します。なお、代金を振り込んだ際に生じた手数料は、**支払手数料勘定（費用）**として処理します。

POINT

● 振込手数料300円も普通預金口座から引き落とされているため、普通預金の減少額は広告宣伝費と振込手数料を合わせた35,300円となります。

5．固定資産の売却（期首売却）

固定資産を売却したときは、**売却した固定資産とその固定資産に対する減価償却累計額の減少**として処理します。なお、売却時の帳簿価額（＝取得原価−減価償却累計額）と売却価額の差額を**固定資産売却損（益）勘定**として計上します。本問は、期首に売却しているため、売却時の帳簿価額は**期首帳簿価額**となります。また、商品売買以外の取引から生じた代金の未収分は、**未収入金勘定（資産）の増加**として処理します。

固定資産売却損益：20,000円 −（700,000円 − 560,000円）
　　　　　　　　売却価額　　　　　　売却時の帳簿価額

＝△120,000円（売却損）

解答・解説

第1回
第2回
第3回
第4回
第5回
第6回
第7回
第8回
第9回

6．固定資産の購入

　土地を購入しているため、**土地勘定（資産）の増加**として処理します。

　なお、固定資産を購入したときに支払う購入手数料などの付随費用は、固定資産の取得原価に含めて処理します。

　また、土地の代金については、後日支払うため、**未払金勘定（負債）の増加**として処理します。

　　　土地：35,000円×550㎡＋400,000円＝19,650,000円

LECTURE

●原則として、商品の仕入れによって生じた、あとで支払う代金は「買掛金」として、商品の仕入れ以外から生じた、あとで支払う代金は「未払金」で処理します。

7．株式の発行（設立時）

　会社の設立にあたり、株式を発行したときは、原則として払込金額の全額を**資本金勘定（資本）の増加**として処理します。なお、借方科目は普通預金口座に預け入れられているので、**普通預金勘定（資産）の増加**として処理します。

POINT

●株式の発行は設立時でも増資時でも会計処理は同じです。

8．修繕費

　備品（固定資産）を修理した時は、修理にかかった金額を**修繕費勘定（費用）**で処理します。

9．従業員立替金

　従業員が支払うべき代金を会社が立て替えたときには、**従業員立替金勘定（資産）の増加**として処理します。

10．手付金の受け取り

　商品の販売にあたり、手付金を受け取ったときには、**前受金勘定（負債）の増加**として処理します。なお、手付金は先方振出の小切手（他人振出小切手）で受け取っているため、**現金勘定（資産）の増加**として処理します。

POINT

●他人振出小切手は通貨代用証券なので、現金で処理します。当座預金としないように注意しましょう。

11. 資金の貸付け

お金を貸し付けたさいに、借用証書を受け取った場合には、**貸付金勘定（資産）の増加**として処理します。また、振込額は当座預金口座から振り込んでいるため**当座預金勘定（資産）の減少**とします。なお、利息の受取額20,000円は、**受取利息勘定（収益）**として処理します。

　　振込額：1,000,000円－20,000円＝980,000円

12. クレジット売掛金の回収

クレジット売掛金を回収したときには、**クレジット売掛金勘定（資産）の減少**として処理します。なお、決済額は普通預金口座へ振り込まれているため、**普通預金勘定（資産）の増加**として処理します。

13. 売掛金の回収

売掛金を回収したときには、**売掛金勘定（資産）の減少**として処理します。なお、普通為替証書や他社振出小切手といった通貨代用証券を受け取ったときには、**現金勘定（資産）の増加**として処理します。

14. 貯蔵品（再振替仕訳）

再振替仕訳をするにあたって、前期末における切手の未使用分については、**貯蔵品勘定（資産）**から**通信費勘定（費用）**の借方へ振り替えます。また、前期末における収入印紙の未使用分については、**貯蔵品勘定（資産）**から**租税公課勘定（費用）**の借方へ振り替えます。

15. 商品の仕入れ・消費税（証ひょう）

消費税を税抜方式で処理する場合、商品の仕入れは本体価格で**仕入勘定（費用）の増加**として処理します。なお、商品を仕入れたさいに支払った消費税は**仮払消費税勘定（資産）の増加**として処理します。また、支払代金については、後日支払うため、税込金額で**買掛金勘定（負債）の増加**として処理します。

なお、仕入代金および消費税の金額については、請求書から読み取ります。

第2問のポイント 難易度 A 配点 20点 目標点 16点

(1) 受取家賃勘定と前受家賃勘定

受取家賃勘定と前受家賃勘定に関する勘定記入の問題です。経過勘定の処理を正しく行えるかどうかが問題を解くカギになります。各日付の取引を仕訳するところから始めるようにしましょう。また、物件Aの家賃は途中で値上げしているので、注意が必要です。

(2) 用語の穴埋め

用語の穴埋め問題です。語群が与えられているため、わからなくても何かしらの解答を記入しましょう。空欄は絶対にダメです。また、本問は用語ではなく記号を答案用紙に記入する点に注意しましょう。問題文を注意深く読み込むクセをつけてください。

解答

(1)

●数字につき配点

❷(ウ) 家 賃

(3/31)	(オ)	(1,090,000)	(4/1)	(オ) (400,000)❷
(3/31)	(キ)	(2,130,000)❷	8/1	当座預金 (600,000)
			9/1	当座預金 (1,560,000)❷
			2/1	当座預金 (660,000)
		(3,220,000)		(3,220,000)

(エ) 家 賃

4/1	(カ) (400,000)	4/1	前期繰越 (400,000)
(3/31)	(イ) (1,090,000)	(3/31)	(カ) (1,090,000)❷
	(1,490,000)		(1,490,000)

(2)

各2点

①	②	③	④
オ	ア	エ	イ

解説

(1)

1．勘定科目の推定

① 解答左側の勘定

8月1日など、家賃を受け取ったときの記入があるため、**受取家賃勘定**だと推定できます。

② 解答右側の勘定

4月1日の貸方に前期繰越の記入があることや×8年3月31日の取引から、負債である**前受家賃勘定**と推定できます。

2. 各取引の仕訳

各取引を仕訳すると次のようになります。なお、前受家賃勘定の前期繰越の金額を計算する必要があるため、前期末（×7年3月31日）の仕訳もおこないます。

① ×7年3月31日：前期末の決算整理仕訳（前受家賃の計上）

×7年4月1日から×7年7月31日までの4か月分の家賃について、家賃の前受分として受取家賃（収益）を減らすとともに前受家賃（負債）を増やします。

（受 取 家 賃）	400,000	（前 受 家 賃）	400,000*

* $\underline{100,000円 × 4か月 = 400,000円}$
　　物件A
　1か月分の家賃

（前 受）家 賃

	4/1　前 期 繰 越　**（400,000）**

② ×7年4月1日　再振替仕訳

前期末に前受家賃として処理した400,000円を受取家賃へ振り替えます。

（前 受 家 賃）	400,000	（受 取 家 賃）	400,000

（受 取）家 賃

	(4/1)（前受家賃）（400,000）

（前 受）家 賃

4/1　**（受取家賃）（400,000）**	4/1　前期繰越　（400,000）

POINT

● 再振替仕訳によって、前期末（×7年3月31日）の決算整理仕訳で計上した前受家賃を、当期の受取家賃に振り替えます。

③ ×7年8月1日　半年分の家賃の受け取り（物件A）

物件Aについて、×7年8月1日から×8年1月31日の6か月分の家賃を受け取ったので受取家賃（収益）を増やします。

（当 座 預 金）	600,000	（受 取 家 賃）	600,000*

* $\underline{100,000円 × 6か月 = 600,000円}$
　　物件A
　1か月分の家賃

解答・解説

第1回
第2回
第3回
第4回
第5回
第6回
第7回
第8回
第9回

```
                    （受 取）家 賃
              (4/1)  （前受家賃）（ 400,000）
              8/1   当座預金     (600,000)
```

④ ×7年9月1日　1年分の家賃の受け取り（物件B）

物件Bについて、×7年9月1日から×8年8月31日の12か月分の家賃を受け取ったので受取家賃（収益）を増やします。

（当 座 預 金）1,560,000	（受 取 家 賃）1,560,000*

＊　130,000円×12か月＝1,560,000円
　　物件B
　　1か月分の家賃

```
                    （受 取）家 賃
              (4/1)  （前受家賃）（ 400,000）
              8/1   当座預金     ( 600,000)
              9/1   当座預金    (1,560,000)
```

POINT

●物件Aと物件Bでは、1か月分の家賃の金額も、受け取るタイミングも異なりますので、注意しましょう。

⑤ ×8年2月1日　半年分の家賃の受け取り（物件A）

物件Aについて、×8年2月1日から×8年7月31日の6か月分の家賃を受け取ったので受取家賃（収益）を増やします。なお、物件Aの1か月あたりの家賃は、値上がり後の110,000円で計算します。

（当 座 預 金）660,000	（受 取 家 賃）660,000*

＊　110,000円×6か月＝660,000円
　　物件A
　　1か月分の家賃

```
                    （受 取）家 賃
              (4/1)  （前受家賃）（ 400,000）
              8/1   当座預金     ( 600,000)
              9/1   当座預金    (1,560,000)
              2/1   当座預金     ( 660,000)
```

⑥ ×8年3月31日 決算整理仕訳（前受家賃の計上）

前期末と同じように、物件A、物件Bそれぞれについて、次期の収益となる家賃を前受家賃として処理します。

(i) 物件Aの収益の前受け

物件Aについて、×8年2月1日に受け取った家賃のうち、×8年4月1日から×8年7月31日までの4か月分について、前受分として受取家賃（収益）から減らすとともに前受家賃（負債）を増やします。

前受収益（物件A）：<u>110,000円</u>×4か月＝440,000円
　　　　　　　　　　　物件A
　　　　　　　　　　1か月分の家賃

(ii) 物件Bの収益の前受け

物件Bについて、×7年9月1日に受け取った家賃のうち、×8年4月1日から×8年8月31日までの5か月分について、前受分として受取家賃（収益）から減らすとともに前受家賃（負債）を増やします。

前受収益（物件B）：<u>130,000円</u>×5か月＝650,000円
　　　　　　　　　　　物件B
　　　　　　　　　　1か月分の家賃

| （受　取　家　賃） | 1,090,000 | （前　受　家　賃） | 1,090,000* |

*　<u>440,000円</u>＋<u>650,000円</u>＝1,090,000円
　　　物件Aの　　　　物件Bの
　　　前受家賃　　　　前受家賃

解答・解説

第1回
第2回
第3回
第4回
第5回
第6回
第7回
第8回
第9回

（受取）家賃

(3/31) (前受家賃) (1,090,000)	(4/1)	(前受家賃)	(400,000)
	8/1	当座預金	(600,000)
	9/1	当座預金	(1,560,000)
	2/1	当座預金	(660,000)

（前受）家賃

4/1 (受取家賃) (400,000)	4/1	前期繰越	(400,000)
	(3/31)	(受取家賃)	(1,090,000)

⑦ ×8年3月31日　決算振替仕訳（損益勘定への振り替え）

決算整理後の受取家賃の残高を損益へ振り替えます。

（受　取　家　賃）	2,130,000	（損　　　　　益）	2,130,000*

* 400,000円＋600,000円＋1,560,000円＋660,000円－1,090,000円
＝2,130,000円

LECTURE

●損益項目は残高を損益勘定へ振り替えて締め切ります。
　費用の場合：損益勘定の借方へ振り替え
　収益の場合：損益勘定の貸方へ振り替え

（受取）家賃

(3/31)	(前受家賃)	(1,090,000)	(4/1)	(前受家賃)	(400,000)
(3/31)	**(損　　益)**	**(2,130,000)**	8/1	当座預金	(600,000)
			9/1	当座預金	(1,560,000)
			2/1	当座預金	(660,000)
		(3,220,000)			**(3,220,000)**

3. 前受家賃勘定の締め切り

決算整理後の前受家賃勘定の借方に「次期繰越」と記入し、借方と貸方の合計金額（1,490,000円）を一致させて締め切ります。

（前受）家賃

4/1	(受取家賃)	(400,000)	4/1	前期繰越	(400,000)
(3/31)	**(次期繰越)**	**(1,090,000)**	(3/31)	(受取家賃)	(1,090,000)
		(1,490,000)			**(1,490,000)**

LECTURE 前払い・前受けと未払い・未収

経過勘定	費用・収益の処理	
前払〇〇（資産）	費　用	減らす
前受××（負債）	収　益	
未払〇〇（負債）	費　用	増やす
未収××（資産）	収　益	

⑵

1．貸倒引当金

　貸倒引当金は受取手形や売掛金が貸し倒れてしまうのに備えて設定するもので、資産のマイナスを意味する勘定科目です。このような勘定科目を「**オ　評価**」勘定といいます。

2．買掛金元帳

　買掛金元帳は、仕入先ごとの買掛金の増減を記録する「**ア　補助簿**」です。

3．固定資産の修繕

　建物の修繕によってその機能が向上し価値が増加した場合は、「**エ　建物**」勘定で処理します。なお、固定資産の機能の回復や機能の維持のための修繕は、修繕費勘定で処理します。

4．3伝票制

　3伝票制を採用している場合、入金取引を記入する入金伝票と出金取引を記入する出金伝票の他に、「**イ　振替**」伝票が用いられます。

解答・解説

第1回

第2回

第3回

第4回

第5回

第6回

第7回

第8回

第9回

第3問のポイント 難易度 A 配点 35点 目標点 27点

決算整理前残高試算表から貸借対照表と損益計算書を作成する問題です。解答の手順は精算表と同じですが、表示科目や記入方法など、精算表と異なる点に注意しましょう。

解 答

●数字につき配点

貸 借 対 照 表
×8年3月31日 （単位：円）

現　　　　金	（　278,000）	買　　掛　　金	（　210,000）
普 通 預 金	（　520,000）	借　　入　　金	（　200,000）
売　　掛　　金（　360,000）		❸（前　受　金）	（　20,000）❸
❸貸倒引当金（△　7,200）（　352,800）		未払法人税等	❸（　20,000）
商　　　　品	（　203,000）	未 払 消 費 税	（　180,000）
❸（前 払）費 用	（　15,000）	未 払 費 用	（　3,500）
備　　　　品（2,120,000）		前 受 収 益	（　30,000）
減価償却累計額（△　755,000）❸（1,365,000）		資　　本　　金	（2,000,000）
土　　　　地	（1,000,000）	繰越利益剰余金	（1,070,300）
	（3,733,800）		（3,733,800）

損 益 計 算 書
×7年4月1日から×8年3月31日まで （単位：円）

売 上 原 価	❸（2,177,000）	売　　上　　高	（3,980,000）
給　　　　料	（1,900,000）	受 取 手 数 料	❸（　770,000）
貸倒引当金繰入	（　7,000）		
減 価 償 却 費	❸（　255,000）		
通　　信　　費	❸（　230,800）		
支 払 家 賃	（　75,000）		
保　　険　　料	（　1,200）		
❸雑　　　（損）	（　200）		
支 払 利 息	❸（　3,500）		
法人税、住民税及び事業税	（　30,000）		
❷当期純（利　益）	（　70,300）		
	（4,750,000）		（4,750,000）

別 解 損益計算書の「雑（損）」は、「雑（損失）」としてもよい。

解　説

本問における決算整理事項等の仕訳は次のとおりです。

1. 現金過不足

現金過不足の借方残高（不足額）のうち800円は通信費の記入漏れと判明したため**通信費（費用）の増加**として処理します。なお、原因の判明しなかった200円（＝1,000円－800円）の不足額は**雑損（費用）の増加**として処理します。

（通　　信　　費）	800	（現 金 過 不 足）	1,000
（雑　　　　　損）	200		

通信費：<u>230,000円</u>＋800円＝230,800円
　　　　　前T/B

雑損：200円

POINT

●現金過不足のうち、原因の判明したものを振り替え、判明しなかった額は、雑損・雑益として処理します。

2. 訂正仕訳（前受金）

誤った仕訳の貸借逆仕訳を行い誤った仕訳を取り消し、そのあと正しい仕訳をします。

① 誤った仕訳

（現　　　　　金）	20,000	（売　　　　　上）	20,000

② 誤った仕訳の貸借逆仕訳

（売　　　　　上）	20,000	~~（現　　　　　金）~~	~~20,000~~

③ 正しい仕訳

~~（現　　　　　金）~~	~~20,000~~	（前　受　金）	20,000

④ 訂正仕訳（②と③の仕訳を相殺）

誤った箇所のみを部分的に修正するために、②と③の仕訳のうち同一勘定科目を相殺します。

（売　　　　　上）	20,000	（前　受　金）	20,000

売上高：4,000,000円－20,000円＝3,980,000円
<u>前T/B</u>

前受金：20,000円

3．仮払金の内容判明

| (備　　　　品) | 120,000 | (仮　　払　　金) | 120,000 |

備品：2,000,000円＋120,000円＝2,120,000円
<u>前T/B</u>

4．貸倒引当金の設定

売掛金の残高に対して貸倒引当金を設定します。

| (貸倒引当金繰入) | 7,000* | (貸　倒　引　当　金) | 7,000 |

＊　貸倒引当金設定額：360,000円×2％＝7,200円
　　　　　　　　　　　売掛金

　　貸倒引当金残高：　　　　　　　200円

　　繰入額（差引）：　　　　　　7,000円

POINT

●貸借対照表上、貸倒引当金は、売掛金から控除する形で表示します。

5．売上原価の計算

　期首商品棚卸高を**繰越商品勘定から仕入勘定**に振り替えます。また、期末商品棚卸高を、**仕入勘定から繰越商品勘定**へ振り替えます。

| (仕　　　　入) | 180,000*1 | (繰　越　商　品) | 180,000 |
| (繰　越　商　品) | 203,000*2 | (仕　　　　入) | 203,000 |

＊1　期首商品棚卸高（前T/B繰越商品）

＊2　期末商品棚卸高（決算整理事項等5より）

売上原価：180,000円＋2,200,000円－203,000円＝2,177,000円
　　　　　　期首商品　　　前T/B仕入　　期末商品

商品：203,000円

●決算整理後の仕入勘定の金額が損益計算書の売上原価の金額となります。また、貸借対照表上では繰越商品勘定は商品として表示します。

6．消費税の処理

決算時に、預かった消費税（仮受消費税）から支払った消費税（仮払消費税）を差し引いた差額は納税額として、**未払消費税（負債）** で処理します。

（仮 受 消 費 税）	400,000	（仮 払 消 費 税）	220,000
		（未 払 消 費 税）	180,000

7．減価償却

備品について定額法による減価償却を行います。なお、期中に取得した備品については月割計算が必要なため、既存の備品2,000,000円と、「3．仮払金の内容判明」で処理した期中取得の備品120,000円は分けて減価償却費を計算します。

（減 価 償 却 費）	255,000*	（備品減価償却累計額）	255,000

$$\ast \quad 既存：\underset{前T/B}{2,000,000円} ÷ 8 年 ＝ 250,000円$$

$$新規：120,000円 ÷ 8 年 × \frac{4 か月}{12 か月} ＝ 5,000円 \Biggr\} 255,000円$$

減価償却累計額：$\underset{前T/B}{500,000円} ＋ 255,000円 ＝ \boxed{755,000円}$

8．前払費用の処理

支払家賃のうち、前払額15,000円について**支払家賃（費用）** から差し引くとともに**前払家賃（資産）** として計上します。

（前 払 家 賃）	15,000	（支 払 家 賃）	15,000

支払家賃：$\underset{前T/B}{90,000円} － 15,000円 ＝ \boxed{75,000円}$

前払費用：$\boxed{15,000円}$

解答・解説

第1回
第2回
第3回
第4回
第5回
第6回
第7回
第8回
第9回

POINT
●前払家賃は、貸借対照表上「前払費用」と表示します。

9．前受収益の処理

　当期の5月1日に受け取った12か月分（1年分）の手数料のうち、×8年4月1日から×8年4月30日までの1か月分について、前受分として**受取手数料（収益）**から差し引くとともに**前受手数料（負債）**として計上します。

（受　取　手　数　料）　　30,000　　（前　受　手　数　料）　　30,000*

$$* \quad 前受収益：360,000円 \times \frac{1か月}{12か月} = 30,000円$$

受取手数料：$\underbrace{800,000円}_{前T/B} - 30,000円 = 770,000円$

受取日

| 4/1 | 5/1 | | 3/31 | 4/30 |

当　期

当期分：11か月分　　　　　　次期分：1か月分

受取手数料（収益）を減らす

POINT
●前受手数料は、貸借対照表上「前受収益」と表示します。

10. 未払費用の処理

借入金の利息の支払日は返済日（x8年8月31日）なので、決算日においてx7年9月1日からx8年3月31日までの7か月分の利息が未払いになっています。そこで、7か月分の**支払利息（費用）**と**未払利息（負債）**を計上します。

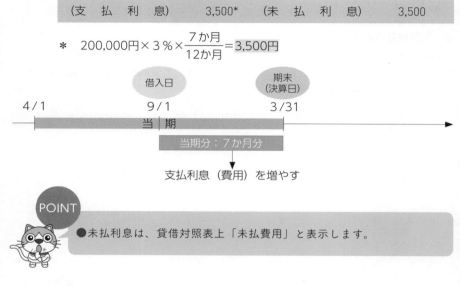

| （支　払　利　息） | 3,500* | （未　払　利　息） | 3,500 |

$$*\quad 200,000円 \times 3\% \times \frac{7か月}{12か月} = 3,500円$$

借入日　9/1

期末（決算日）　3/31

4/1

当　期

当期分：7か月分

支払利息（費用）を増やす

POINT

●未払利息は、貸借対照表上「未払費用」と表示します。

11. 法人税等

当期の法人税等の金額が決定したら、借方に**法人税、住民税及び事業税**として計上します。そして、**仮払法人税等（資産）**との差額を**未払法人税等（負債）**として計上します。

| （法人税、住民税及び事業税） | 30,000 | （仮 払 法 人 税 等） | 10,000 |
| | | （未 払 法 人 税 等） | 20,000* |

$$*\quad 30,000円 - 10,000円 = 20,000円$$

解答・解説

第1回
第2回
第3回
第4回
第5回
第6回
第7回
第8回
第9回

12. 当期純利益の計算

　損益計算書の収益合計から費用合計と法人税等を差し引いて、当期純利益を計算します。さらに、当期純利益を繰越利益剰余金に振り替えて、貸借対照表の貸借が一致することを確認します。

当期純利益：$\underset{\text{収益合計}}{4,750,000円} - \underset{\text{費用合計}}{4,649,700円} - \underset{\text{法人税等}}{30,000円} = 70,300円$

繰越利益剰余金：$\underset{\text{前T/B}}{1,000,000円} + \underset{\text{当期純利益}}{70,300円} = 1,070,300円$

> LECTURE **財務諸表**
>
> 1．損益計算書：一会計期間の収益と費用から当期純利益（または当期純損失）を計算した表で経営成績を表す。
> 2．貸借対照表：貸借対照表日（決算日）における資産・負債・資本（純資産）の内容と金額を示した表で財政状態を表す。

解き方

全体的に難易度はそれほど高くはありませんので、第1問から解き始めて、次に配点の高い第3問を解いていきましょう。第1問では固定資産の改良と修繕が出題されていますが、わからないときはいったん飛ばして解けるところから解いていきましょう。

第1問のポイント 難易度 **A** 配点 **45**点 目標点 **36**点

4問目で、3級としては難しい固定資産の改良と修繕が出題されていますが、それ以外は簡単な内容です。ただし、問題の中に通常と異なる表現もあるため、問題文をしっかり読んで対応しましょう。

解答

仕訳一組につき3点

(注) 実際の本試験では記号のみを解答してください。

	借　方		貸　方	
	記　号	金　額	記　号	金　額
1	(エ) 土　　地	41,750,000	(オ) 普 通 預 金	500,000
			(イ) 未 払 金	41,250,000
2	(ア) 損　　益	2,800,000	(オ) 仕　入	2,800,000
3	(ウ) 現金過不足	10,000	(オ) 受取手数料	15,000
	(エ) 旅費交通費	7,000	(カ) 雑　　益	2,000
4	(エ) 建　　物	16,000,000	(イ) 普 通 預 金	20,000,000
	(ウ) 修 繕 費	4,000,000		
5	(ア) 租税公課	8,000	(オ) 現　　金	8,000
6	(カ) 備品減価償却累計額	300,000	(イ) 備　　品	400,000
	(ア) 未 収 入 金	20,000		
	(エ) 固定資産売却損	80,000		
7	(イ) 現　　金	70,000	(エ) 売 掛 金	200,000
	(ウ) 貸倒引当金	130,000		

解答・解説

第1回
第2回
第3回
第4回
第5回
第6回
第7回
第8回
第9回

8	（ア）前　受　金	40,000	（カ）売　　　上	433,000
	（イ）売　掛　金	393,000		
	（エ）発　送　費	5,000	（オ）現　　　金	5,000
9	（ア）当 座 預 金	100,000	（ウ）普 通 預 金	2,100,000
	（エ）定 期 預 金	2,000,000		
10	（ウ）消 耗 品 費	30,000	（カ）未　払　金	30,000
11	（エ）旅 費 交 通 費	30,000	（ウ）現　　　金	30,000
12	（イ）給　　　料	350,000	（エ）社会保険料預り金	20,000
			（オ）所得税預り金	14,000
			（ア）当 座 預 金	316,000
13	（ウ）当 座 預 金	413,500	（カ）貸　付　金	400,000
			（オ）受 取 利 息	13,500
14	（イ）普 通 預 金	50,000	（ア）償却債権取立益	50,000
15	（エ）未払法人税等	100,000	（オ）普 通 預 金	100,000

解説

1．土地の取得（付随費用あり）

　土地を取得したので**土地勘定（資産）の増加**として処理します。取得に要した購入手数料（付随費用）は、土地の取得原価に含めます。なお、代金については、購入代価分は月末に払うので**未払金勘定（負債）の増加**とし、付随費用分は普通預金口座から支払っているため、**普通預金勘定（資産）の減少**として処理します。

2．損益勘定への振り替え（決算振替仕訳）

　決算整理を終えた後、収益と費用の諸勘定残高はすべて損益勘定へ振り替えて、貸借差額で当期の利益を算定します。本問では売上原価（仕入勘定）の振り替えのみが問われているため、**仕入勘定（費用）の減少**として処理するとともに、**損益勘定の借方**に記入します。

3．現金過不足

(1)　現金残高の修正

　現金過不足が生じていると判明した時点で現金勘定の残高を修正（本問は帳簿残高よりも実際有高の方が多かったので現金勘定の増加）し、相手勘定は**現金過不足勘定**として処理します。

| （現　　　金） | 10,000 | （現 金 過 不 足） | 10,000 |

●現金の金額は帳簿残高を実際有高の金額に修正します。
帳簿残高＞実際有高⇒現金勘定の減少
帳簿残高＜実際有高⇒現金勘定の増加

(2) 一部原因判明

その後、原因の調査を終えた時点で、現金過不足勘定はすべて取り崩します。原因が判明した現金過不足勘定は対応する勘定科目に振り替えます。

| （現 金 過 不 足） | 15,000 | （受 取 手 数 料） | 15,000 |
| （旅 費 交 通 費） | 7,000 | （現 金 過 不 足） | 7,000 |

(3) 原因不明分の処理

原因不明の過剰分は、**雑益勘定（収益）** として処理します。

| （現 金 過 不 足） | 2,000 | （雑　　　　　益） | 2,000* |

＊　10,000円（貸方残高）－15,000円＋7,000円＝2,000円（貸方残高＝過剰分）

4．固定資産の改良と修繕

固定資産の改良や修繕に関する支払額のうち、資産価値を高める支出（資本的支出）は、**固定資産（本問では建物勘定）の増加**として処理します。また、現状を維持するための支出（収益的支出）は、**修繕費勘定（費用）** として処理します。

5．収入印紙の購入

収入印紙は税金の支払いに使われるため、通常、購入した時に**租税公課勘定（費用）の増加**として処理します。

●決算日まで使用せずに残っていた場合は、換金価値があるため、貯蔵品勘定（資産）に振り替える処理も必要です。

6．固定資産の売却（期首売却）

固定資産を売却したときは、売却時の帳簿価額と売却価額の差額を**固定資産売却損（益）勘定**として計上します。本問は期首に売却しているため、売却時の帳簿価額は**期首帳簿価額**となります。

固定資産売却損益：20,000円－（400,000円－300,000円）＝△80,000円（売却損）
　　　　　　　　　売却価額　　　　売却時の帳簿価額

解答・解説

第1回
第2回
第3回
第4回
第5回
第6回
第7回
第8回
第9回

7．売掛金の回収と貸倒れ

　前期販売分の売掛金200,000円のうち、現金で回収した70,000円を**現金勘定（資産）の増加**として処理します。残りの130,000円は貸倒れ（回収不能）となるため、**貸倒引当金勘定を取り崩します。**

POINT

●当期に発生した売掛金が貸し倒れた場合には、貸倒引当金が設定されていても、貸倒引当金の取り崩しは行わずに、貸倒損失として処理します。前期発生の売掛金と当期発生の売掛金の処理の違いを明確にしておきましょう。

8．売上取引

　商品に送料を加えた合計額で販売しているため、その合計額を**売上勘定（収益）の増加**として処理します。

　また、注文時に受け取っていた手付金を控除した金額を掛けとしているため、手付金については**前受金勘定（負債）の減少**として処理し、商品に送料を加えた合計額との差額については**売掛金勘定（資産）の増加**として処理します。なお、送料は現金で支払っているので、**発送費勘定（費用）の増加**と**現金勘定（資産）の減少**として処理します。

　　売上：433,000円
　　売掛金：433,000円－40,000円＝393,000円
　　　　　　　　　　　　前受金

LECTURE

●以下の【例】のように、発送費が当社負担と明記されている場合は、発送費を売上に含めずに商品の販売額のみを売上勘定（収益）として処理します。

【例】商品￥428,000を販売し、代金については、注文時に受け取った手付金￥40,000と相殺し、残額を掛けとした。なお、送料￥5,000（当社負担）は現金で支払った。

（前　受　金）	40,000	（売　　　上）	428,000
（売　掛　金）	388,000		
（発　送　費）	5,000	（現　　　金）	5,000

9．当座預金への預け入れ

　普通預金口座の金額を他の預金口座へ振り替えるときは、引き出される**普通預金勘定（資産）の減少**と入金先である**当座預金勘定（資産）**および**定期預金勘定（資産）の増加**として処理します。

POINT

●「口座開設と同時に当座借越契約（限度額1,800,000円）を締結し」
という問題文は、解答には必要のないダミーの資料です。

10. 消耗品の購入

消耗品を購入したときは、**消耗品費勘定（費用）の増加**として処理します。また、後日支払う代金は**未払金勘定（負債）の増加**として処理します。

LECTURE

●商品売買以外の取引から生じた後日支払う代金については、未払金勘定で処理します。ちなみに、商品売買の取引から生じた後日支払う代金は、買掛金勘定です。両者の使い分けはしっかりできるようにしておきましょう。

11. 旅費交通費

電車などの交通手段に係る支出は**旅費交通費勘定（費用）の増加**とします。本問では、「入金時に全額費用に計上する」とあるので、入金時の全額を旅費交通費として処理します。

12. 給料の支払い

従業員に給料を支払う際には、**給料勘定（費用）**で処理します。なお、所得税や社会保険料は、会社がいったん徴収し、あとでそれを税務署等に納める義務があります。そのため、**所得税預り金勘定（負債）**、**社会保険料預り金勘定（負債）**の貸方に記入します。

13. 貸付金の回収

貸付金を返してもらったときは、**貸付金勘定（資産）の減少**とします。大阪株式会社振出しの小切手は「他人振出しの小切手」となるので現金勘定（資産）の増加となります。しかし、本問では、ただちに当座預金に預け入れているので、**当座預金勘定（資産）の増加**となります。

なお、利息の受取額は**受取利息勘定（収益）**として処理します。

受取利息：$400{,}000円 \times \underset{\text{年利}}{4.5\%} \times \dfrac{9か月}{12か月} = \boxed{13{,}500円}$

14. 貸倒れ処理した売掛金の回収

昨年度に貸し倒れた売掛金のうち回収できた50,000円を**普通預金勘定（資産）の増加**として処理します。また、昨年度に貸倒れとして処理した売掛金の回収なので**償却債権取立益勘定（収益）**で処理します。

POINT

●前期に貸し倒れたさいにすでに売掛金を減少しているため、当期に回収したときは収益の勘定科目で処理します。

15. 法人税等の確定申告・納付書（領収証書）

普通預金口座から振り込みを行っているため、**普通預金勘定（資産）の減少**として処理します。

	（普 通 預 金）	100,000

次に納付書の左上「税目」欄に「法人税」とあるため、法人税を納付した際に受け取った領収証書であると判断できます。そして、「確定申告」に印が付いているため、決算時に計上した**未払法人税等勘定（負債）**を納付する取引だと判断できます。なお、金額は「合計額」より100,000円です。

（未 払 法 人 税 等）	100,000	（普 通 預 金）	100,000

第2問のポイント 難易度 A 配点 20点 目標点 16点

(1) 支払手数料勘定と前払手数料勘定
支払手数料勘定と前払手数料勘定に関する勘定記入の問題です。当期から支払いが始まっているため、期首の再振替仕訳を考慮する必要がないので完答を目指しましょう。

(2) 補助簿の選択と売掛金の月末残高
問1は取引ごとに記入する補助簿を選択する問題です。各取引を仕訳しながら、どの補助簿に記入すべきか考えましょう。ポイントとなるのは商品有高帳です。
問2は、売掛金の月末残高を答える問題です。仕訳の中から必要な金額を集計しましょう。

解 答

(1)
●数字につき配点

(注) 実際の本試験では記号のみを解答してください。

支 払 手 数 料

❷ (7/11)	[イ (普通預金)]	(300)	3/31	[エ (前払手数料)]	(40,000)	❷
❷ (3/1)	[ア (現 金)]	(60,000)	〃	[コ (損 益)]	(20,300)	❷
		(60,300)			(60,300)	

前 払 手 数 料

3/31 ❷ [キ (支払手数料)]	(40,000)	3/31 ❷ [ケ (次期繰越)]	(40,000)

(2)　　　　　　問1は各日付の○印がすべて正解につき2点。問2は2点
問1

帳簿 日付	現金出納帳	当座預金 出 納 帳	商品有高帳	売掛金元帳 (得意先元帳)	買掛金元帳 (仕入先元帳)	仕 入 帳	売 上 帳
7日	○		○		○	○	
12日			○	○			○
15日		○	○				

問2
¥ 165,000

26

解答・解説

第1回
第2回
第3回
第4回
第5回
第6回
第7回
第8回
第9回

解　説 ▶

(1)

日付順に取引の仕訳を示すと次のとおりです。

1．7月11日　預金口座からの振り込みと振込手数料の支払い

（未　払　金）	70,000	（普　通　預　金）	70,300
（支　払　手　数　料）	300		

2．10月26日　土地の取得

（土　　　　地）	1,215,000*	（当　座　預　金）	1,200,000
		（現　　　　金）	15,000

＊　1,200,000円＋15,000円＝1,215,000円

不動産会社に支払った仲介手数料は、土地を購入するための付随費用なので土地の取得原価に含めます。

3．3月1日　調査手数料の支払い

（支　払　手　数　料）	60,000	（現　　　　金）	60,000

4．3月31日　前払手数料の計上（決算整理仕訳）

当期の3月1日に支払った向こう3か月分の手数料のうち、2か月分は次期に係る費用の前払い分であるため、**支払手数料勘定（費用）** から差し引き、**前払手数料勘定（資産）** として次期に繰り越します。

（前　払　手　数　料）	40,000*	（支　払　手　数　料）	40,000

＊　$60,000円 × \dfrac{2か月}{3か月} = 40,000円$

または、20,000円 × 2か月＝40,000円

これまでの仕訳を答案用紙の各勘定へ転記すると次のようになります。

支 払 手 数 料

(7/11)	(普 通 預 金)	(300)	3/31	(前払手数料)	(40,000)
(3/1)	(現 金)	(60,000)	〃	( )	( )

> 転記すると、損益勘定への振替高は20,300円と判明しますね。

前 払 手 数 料

3/31	(支 払 手 数 料)	(40,000)	3/31	( )	( )

5．3月31日　損益勘定へ振り替え（決算振替仕訳）

支払手数料勘定の決算整理後の借方残高20,300円を損益勘定に振り替えます。この振り替えにより、支払手数料勘定の残高はゼロとなるため締め切ります。

(損 益)	20,300	(支 払 手 数 料)	20,300

6．3月31日　資産の勘定の締め切り

前払手数料勘定の決算整理後の借方残高40,000円を、貸方に「次期繰越」と記入し、借方と貸方の合計金額を一致させて締め切ります。これを「繰越記入」といい、仕訳はありません。

⑵

問1　補助簿の選択

各取引の仕訳をしてから、記入される補助簿を考えましょう。

1．6月7日　掛仕入

① 取引の仕訳

商品を仕入れたときは、**仕入（費用）** を増やします。また、代金を掛けとしたときは、**買掛金（負債）** を増やします。なお、当社負担の引取運賃を現金で支払っているので**現金（資産）** を減らします。

② 補助簿の選択

商品の仕入に関する取引は、**仕入帳**へ記入するとともに、商品を仕入れたことで商品の在庫が増えるので、**商品有高帳**へ記入します。また、買掛金に関する取引は、**買掛金元帳**へ、現金に関する取引は、**現金出納帳**へ記入します。

仕 入 帳	◀	(仕 入)	242,500	(買 掛 金)	240,000	▶	買掛金元帳
商品有高帳 〈在庫の増加〉	◀			(現 金)	2,500	▶	現金出納帳

解答・解説

第1回
第2回
第3回
第4回
第5回
第6回
第7回
第8回
第9回

POINT

●商品の在庫量が増減する取引は「商品有高帳」にも記入します。例えば、仕入・売上・仕入戻し・売上戻しなどですね。

2. 6月12日　掛売上

① 取引の仕訳

商品を売り上げたときは、**売上（収益）** を増やします。また、代金は掛けとしているので**売掛金（資産）** を増やします。

② 補助簿の選択

商品の売上に関する取引は、**売上帳**へ記入するとともに、商品を売り上げたことで商品の在庫が減るため、**商品有高帳**に記入します。また、売掛金に関する取引は、**売掛金元帳**へ記入します。

売掛金元帳 ◀──（売掛金（東京））　78,000　（売　　　上）　78,000 ──▶ 売　上　帳
　　　　　　　　　　　　　　　　　　　　　　　　　　　　　　　　　　　　　　　▶ 商品有高帳
　　〈在庫の減少〉

3. 6月15日　売掛金の当座振込

① 取引の仕訳

売掛金を回収したときは、**売掛金（資産）** を減らします。また、代金は当座預金口座へ振り込まれているので**当座預金（資産）** を増やします。

② 補助簿の選択

売掛金に関する取引は、**売掛金元帳**へ記入します。また、当座預金に関する取引は、**当座預金出納帳**へ記入します。

当座預金出納帳 ◀──（当 座 預 金）　50,000　（売掛金（箱根））　50,000 ──▶ 売掛金元帳

4. 6月19日　掛売上

（売掛金（箱根））　63,000　（売　　上）　63,000

5．6月22日　売上戻り

　売り上げた商品が返品されたときは、**売上（収益）** を減らします。また、代金は掛けから差し引いているので、**売掛金（資産）** を減らします。

| （売　　　　上） | 5,000 | （売掛金（箱根）） | 5,000 |

6．6月29日　売掛金の当座振込

| （当 座 預 金） | 49,000 | （売掛金（東京）） | 49,000 |

問2　6月末の箱根商店の売掛金残高

　6月末における各商店の売掛金残高は、以下のとおりです。

東京商店

6／1	230,000	6／29	49,000
6／12	78,000		
		∴月末259,000	

箱根商店

6／1	157,000*	6／15	50,000
6／19	63,000	6／22	5,000
		∴月末165,000	

＊　387,000円 － 230,000円 ＝ 157,000円
　　売掛金全体　　東京商店
　　　月初残高　　月初残高

POINT

●総勘定元帳の売掛金残高は、東京商店と箱根商店の売掛金残高の合計です。そのため、箱根商店の月初売掛金残高は、総勘定元帳の売掛金の月初残高から東京商店の売掛金の月初残高を差し引いて計算できます。

LECTURE　商品有高帳

●商品有高帳とは、商品の種類別に受け入れ（仕入れ）や払い出し（売り上げ）のつど、数量、単価、金額を記録して商品を管理するための帳簿のことです。

第3問のポイント　難易度 A　配点 35点　目標点 27点

精算表作成の問題です。
決算整理事項等を、適切に仕訳して、精算表への記入もれがないように注意しましょう。基礎的なものが多いので、ケアレスミスを防ぎ、高得点をねらいましょう！

解　答

●数字につき配点

精　算　表

勘定科目	残高試算表 借方	残高試算表 貸方	修正記入 借方	修正記入 貸方	損益計算書 借方	損益計算書 貸方	貸借対照表 借方	貸借対照表 貸方
現　　　　　金	507,000						507,000	
小　口　現　金	35,000			7,500			27,500 ③	
普　通　預　金	250,000			70,000			180,000	
受　取　手　形	420,000						420,000	
売　　掛　　金	300,000						300,000	
仮　払　消　費　税	423,000			423,000				
繰　越　商　品	480,000		330,000	480,000			330,000	
建　　　　　物	800,000						800,000	
備　　　　　品	750,000						750,000	
土　　　　　地	2,400,000			1,200,000			1,200,000	
買　　掛　　金		510,000	70,000					440,000 ③
手　形　借　入　金		1,000,000						1,000,000
仮　受　消　費　税		650,000	650,000					
仮　　受　　金		1,300,000	1,300,000					
貸　倒　引　当　金		10,000		4,400				14,400
建物減価償却累計額		390,000		30,000				420,000
備品減価償却累計額		280,000		150,000				430,000 ③
資　　本　　金		1,000,000						1,000,000
繰越利益剰余金		310,000						310,000
売　　　　　上		6,500,000				6,500,000		
仕　　　　　入	4,300,000		480,000	330,000	4,450,000 ③			
給　　　　　料	600,000		45,000		645,000			
旅　費　交　通　費	80,000		4,500		84,500			
支　払　家　賃	180,000				180,000			
保　　険　　料	300,000			75,000	225,000			
消　耗　品　費	80,000		3,000		83,000 ③			
支　払　利　息	45,000			37,500	7,500 ③			
	11,950,000	11,950,000						
固定資産売却（益）				100,000		100,000 ③		
貸倒引当金繰入			4,400		4,400 ③			
減　価　償　却　費			180,000		180,000 ③			
未　収　入　金			75,000				75,000 ③	
（未　払）給　料				45,000				45,000 ③
（前　払）利　息			37,500				37,500	
（未　払）消　費　税				227,000				227,000
当期純（利　益）					740,600			740,600 ②
			3,179,400	3,179,400	6,600,000	6,600,000	4,627,000	4,627,000

解　説

本問における未処理事項・決算整理事項の仕訳は次のとおりです。

1. 未処理事項

(1) 買掛金の支払い

買掛金を支払ったときは、**買掛金（負債）の減少**として借方に記入します。また、普通預金口座から支払ったため、**普通預金（資産）の減少**として貸方に記入します。

（買　　掛　　金）	70,000	（普　通　預　金）	70,000

(2) 小口現金の支払報告

小口現金係から支払報告を受けたときには、会計係は、使用した金額分の**小口現金（資産）**を減らすとともに、各費用を計上します。

（消　耗　品　費）	3,000	（小　口　現　金）	7,500*
（旅　費　交　通　費）	4,500		

*　<u>3,000円</u>＋<u>4,500円</u>＝7,500円
　　消耗品費　　旅費交通費

POINT

●問題文の指示により、小口現金の補給は翌期に行うため、当期では補給したときの仕訳は行いません。

(3) 仮受金の修正

仮受金として処理している金額は、残高試算表欄の土地（半額分）の売却代金であるため、借方で**仮受金（負債）**を減らすとともに、相手勘定科目を**土地（資産）**とします。なお、貸借差額は、**固定資産売却益（収益）**または、**固定資産売却損（費用）**で処理します。

① 代金受取時

（現　金　な　ど）	1,300,000	（仮　　受　　金）	1,300,000

解答・解説

第1回
第2回
第3回
第4回
第5回
第6回
第7回
第8回
第9回

② 仮受金の内容判明時

(仮 受 金)	1,300,000	(土 地)	1,200,000*¹
		(固定資産売却益)	100,000*²

* 1　$2,400,000円 \times \dfrac{1}{2} = 1,200,000円$

* 2　貸借差額

POINT

●売却した土地の帳簿価額は、帳簿価額の全額ではなく、半額分だけ減らすことに注意しましょう。

(4)　保険料の中途解約

　当期に支払った保険料を解約し、保険会社からその保険料が返金される旨の連絡があった場合、支払った保険料のうち解約日以降の保険料が戻ってくるため、解約返金分の**保険料（費用）**を減らすとともに、相手勘定科目は**未収入金（資産）**として処理します。

(未 収 入 金)	75,000	(保 険 料)	75,000*

* 　$180,000円 \times \dfrac{5か月}{12か月} = 75,000円$

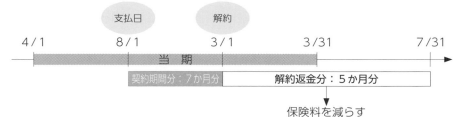

保険料を減らす

POINT

●本問は、保険料の前払処理ではないことに注意します。
●解約により返金が決まっただけで実際にはまだ返金されていないので未収入金として処理します。

2．決算整理事項

(1) 貸倒引当金の設定

受取手形と売掛金の残高に対して貸倒引当金を設定します。

| （貸倒引当金繰入） | 4,400* | （貸 倒 引 当 金） | 4,400 |

* 貸倒引当金設定額：$\underline{(420,000円}_{\text{受取手形}}+\underline{300,000円}_{\text{売掛金}}) \times 2\％＝14,400円$
  貸倒引当金残高： 10,000円
  繰 入 額 （差引）： 4,400円

(2) 売上原価の算定

期首商品棚卸高を**繰越商品勘定（資産）**から**仕入勘定（費用）**に振り替えます。また、期末商品棚卸高を、**仕入勘定から繰越商品勘定**へ振り替えます。

| （仕　　　　　入） | 480,000 | （繰 越 商 品） | 480,000 |
| （繰 越 商 品） | 330,000 | （仕　　　　　入） | 330,000 |

精　算　表

勘定科目	残 高 試 算 表		修 正 記 入		損 益 計 算 書		貸 借 対 照 表	
	借　方	貸　方	借　方	貸　方	借　方	貸　方	借　方	貸　方
繰 越 商 品	480,000		⊕ 330,000	⊖ 480,000			330,000	
仕　　　入	4,300,000		⊕ 480,000	⊖ 330,000	4,450,000			

(3) 消費税の処理

決算時に、預かった消費税（仮受消費税）から支払った消費税（仮払消費税）を差し引いた差額は納税額として、未払消費税（負債）で処理します。

| （仮 受 消 費 税） | 650,000 | （仮 払 消 費 税） | 423,000 |
| | | （未 払 消 費 税） | 227,000 |

(4) 固定資産の減価償却

建物と備品について定額法による減価償却を行います。なお、備品は残存価額がゼロのため、取得原価を耐用年数で割って減価償却費を計算します。

| （減 価 償 却 費） | 180,000 | （建物減価償却累計額） | 30,000*1 |
| | | （備品減価償却累計額） | 150,000*2 |

* 1　800,000円×0.9÷24年＝30,000円
* 2　750,000円÷5年＝150,000円

解答・解説

第1回
第2回
第3回
第4回
第5回
第6回
第7回
第8回
第9回

(5) 費用の未払い

給料の未払分45,000円について、**給料（費用）** と **未払給料（負債）** を計上します。

| （給　　　　料） | 45,000 | （未　払　給　料） | 45,000 |

(6) 費用の前払い

支払利息のうち、借入時（利息の支払日）から決算日までの2か月分（2月1日から3月31日）は当期の費用として計上しますが、10か月分（次期の4月1日から1月31日）は翌期の費用となるため、**支払利息（費用）** から差し引くとともに**前払利息（資産）** として計上します。

| （前　払　利　息） | 37,500* | （支　払　利　息） | 37,500 |

$$* \quad 1,000,000円 \times 4.5\% \times \frac{10か月}{12か月} = 37,500円$$

(7) 当期純利益の計算

損益計算書欄の貸方（収益）合計と借方（費用）合計との差額から、当期純利益を算定します。当期純利益は貸借対照表欄へ移記して、貸借が一致することを確認しましょう。

当期純利益：6,600,000円 － 5,859,400円 ＝ 740,600円
　　　　　　　収益合計　　　　費用合計

当期純利益と当期純損失

● 当期純利益と当期純損失は精算表上、次のように記載されます。借方と貸方を間違えやすいので注意しましょう。

1. 当期純利益

勘定科目	〳	損 益 計 算 書		貸 借 対 照 表	
		借　　方	貸　　方	借　　方	貸　　方
当期純利益		×××			×××

2. 当期純損失

勘定科目	〳	損 益 計 算 書		貸 借 対 照 表	
		借　　方	貸　　方	借　　方	貸　　方
当期純損失			×××	×××	

MEMO

解答・解説

第1回
第2回
第3回
第4回
第5回
第6回
第7回
第8回
第9回

解き方

問題の難易度は、全体的にそれほど高くはありません。ただし、第2問は推定を必要としているため、慎重に解く必要があります。基本的には、第1問、第3問、第2問の順で解答するのがよいでしょう。

第1問のポイント　難易度 A　配点 45点　目標点 36点

第1問は指定勘定科目をしっかり確認しましょう。全体的な難易度は標準レベルですが、ケアレスミスをしやすい問題もあるので、問題文を慌てずにしっかり読み込めたかが重要なポイントとなります。

解答

仕訳一組につき3点

（注）実際の本試験では記号のみを解答してください。

	借　　　　方			貸　　　　方		
	記　　号	金　額		記　　号	金　額	
1	（オ）売　　　　上	350,000		（エ）売　掛　金	350,000	
2	（カ）仕　　　　入	850,000		（ウ）買　掛　金	850,000	
3	（カ）建　　　　物 （ア）土　　　　地	1,030,000 3,090,000		（ウ）普　通　預　金	4,120,000	
4	（エ）旅 費 交 通 費 （ア）消 耗 品 費	11,250 5,000		（オ）未　払　金	16,250	
5	（ウ）借　入　金 （イ）支 払 利 息	200,000 3,000		（カ）普　通　預　金	203,000	
6	（イ）所 得 税 預り金	2,000,000		（エ）現　　　　金	2,000,000	
7	（オ）当　座　預　金 （イ）支 払 手 数 料	299,600 400		（エ）売　掛　金	300,000	
8	（イ）現 金 過 不 足	200		（ウ）現　　　　金	200	
9	（エ）当　座　預　金 （カ）支 払 手 数 料	3,000,000 2,000		（ア）普　通　預　金 （イ）現　　　　金	3,000,000 2,000	

10	（カ）前　受　金	30,000	（ア）売　　　上	167,000
	（オ）売　掛　金	137,000		
	（イ）発　送　費	5,000	（ウ）現　　　金	5,000
11	（ア）支　払　地　代	50,000	（エ）普　通　預　金	50,000
12	（ア）租　税　公　課	5,000	（ウ）現　　　金	6,000
	（エ）通　信　費	1,000		
13	（イ）備品減価償却累計額	240,000	（エ）備　　　品	600,000
	（オ）未　収　入　金	300,000		
	（ウ）固定資産売却損	60,000		
14	（カ）仮　受　金	230,000	（イ）売　掛　金	200,000
			（ア）前　受　金	30,000
15	（オ）売　掛　金	40,000	（ウ）売　　　上	40,000

解　説

1．売上返品

　販売した商品が返品され、掛け代金から差し引かれたときは、**売上勘定（収益）の減少**として処理するとともに、**売掛金勘定（資産）の減少**として処理します。

（売　　　　　上）	350,000	（売　　掛　　金）	350,000

2．仕入（販売用の中古車）

　当社は中古車販売業を営んでいるため、販売用の中古車の購入は商品の仕入となります。したがって、**仕入勘定（費用）**として処理します。なお、代金は掛けとしているため、**買掛金勘定（負債）の増加**として処理します。

POINT

●業務に使用する目的で、中古車を購入したときは車両運搬具（有形固定資産）の購入として処理しますが、本問の場合、販売目的で中古車を購入しているため商品の仕入れになります。

3．固定資産の購入

　土地付き建物を取得したので**土地勘定（資産）と建物勘定（資産）の増加**として処理します。また、売買手数料は、付随費用に該当するため、土地と建物の取得原価にそれぞれ含めます。

　なお、代金については、普通預金口座から支払っているため、**普通預金勘定（資産）の減少**として処理します。

建物：1,000,000円＋1,000,000円×3％＝1,030,000円
　　　　　　　　　売買手数料

土地：3,000,000円＋3,000,000円×3％＝3,090,000円
　　　　　　　　　売買手数料

●売買手数料は、建物と土地それぞれに生じている点に注意しましょう。

４．諸経費の支払い（未払金）

従業員が業務のために立て替えた諸経費をそれぞれ費用として計上します。電車代、タクシー代は**旅費交通費勘定（費用）**として、書籍代は**消耗品費勘定（費用）**として処理します。

旅費交通費：6,750円＋4,500円＝11,250円

また、代金は問題文の指示にしたがって、**未払金勘定（負債）の増加**として処理します。

５．借入金の返済

お金を借り入れたときは、借入金勘定（負債）の増加として処理します。そして、借入金を返済したときは、**借入金勘定の減少**として処理します。

なお、利息の支払いは、**支払利息勘定（費用）**として処理します。

支払利息：$1,000,000円 \times 3.65\% \times \dfrac{30日}{365日} = 3,000円$

６．所得税預り金の納付

源泉徴収とは、従業員の給料にかかる所得税をいったん会社が預かり、従業員の代わりに国に納めることをいいます。

従業員から預かっていた所得税を後日納付したときは、**所得税預り金勘定（負債）の減少**として処理します。

７．売掛金の回収

得意先から掛け代金を回収しているため、**売掛金勘定（資産）の減少**として処理します。また、振込手数料を差し引かれた残額299,600円（＝300,000円－400円）が当座預金口座に振り込まれているため、**当座預金勘定（資産）の増加**として処理します。なお、振込手数料400円は**支払手数料勘定（費用）**で処理します。

POINT

●問題文では「振込手数料」となっていますが、指定された勘定科目では「支払手数料」となっている点に注意しましょう。

8．現金過不足

まず、現金の実際有高を求めます。そのあと、現金出納帳の残高と比較して過剰か不足かを確かめます。

(1) 現金の実際有高

$$\underset{\text{紙幣}}{100,000円} + \underset{\text{硬貨}}{5,800円} + \underset{\text{他人振出小切手}}{10,000円} = 115,800円$$

(2) 現金出納帳との比較

実際有高115,800円は現金出納帳の残高116,000円より少ないので、200円の現金不足が生じています。そのため、現金勘定の減少とします。相手科目は**現金過不足勘定**です。

(現 金 過 不 足)	200	(現　　　　金)	200

9．当座預金への預け入れ

普通預金口座の金額を当座預金口座へ振り替えたときは、引き出される**普通預金勘定（資産）の減少**と入金先である**当座預金勘定（資産）の増加**として処理します。

なお、支払った手数料は**支払手数料勘定（費用）**で処理します。

10．売上取引

商品に送料を加えた合計額で販売しているため、その合計額を**売上勘定（収益）の増加**として処理します。

また、注文時に受け取っていた手付金を控除した金額を掛けとしているため、手付金については**前受金勘定（負債）の減少**として処理し、商品に送料を加えた合計額との差額については**売掛金勘定（資産）の増加**として処理します。なお、送料は現金で支払っているので、**発送費勘定（費用）の増加**と**現金勘定（資産）の減少**として処理します。

売上：167,000円

売掛金：167,000円 － $\underset{\text{前受金}}{30,000円}$ ＝ 137,000円

●以下の【例】のように、発送費が当社負担と明記されている場合は、発送費を売上に含めずに商品の販売額のみを売上勘定（収益）として処理します。

【例】得意先新潟株式会社へ商品¥162,000を販売し、代金のうち¥30,000は注文時に受け取っていた手付金と相殺し、残額は月末の受け取りとした。なお、商品の送料¥5,000（当社負担）は現金で支払った。

（前　受　金）	30,000	（売　　　　上）	162,000
（売　掛　金）	132,000		
（発　送　費）	5,000	（現　　　　金）	5,000

11. 地代の支払い

土地の賃借料の支払いは**支払地代勘定（費用）の増加**とします。なお、代金は普通預金口座から引き落とされているので、**普通預金勘定（資産）の減少**とします。

12. 租税公課と通信費

収入印紙の購入は**租税公課勘定（費用）**で、郵便切手の購入は**通信費勘定（費用）**で処理します。

13. 固定資産の売却（期首売却）

固定資産を売却したときは、**固定資産とそれに対応する減価償却累計額の減少**とします。さらに、売却価額と帳簿価額の差を**固定資産売却損（益）勘定**とします。なお、商品売買以外の取引から生じた代金の未収分は、**未収入金勘定（資産）の増加**とします。

(1) 売却する期の期首減価償却累計額

1年分の減価償却費：600,000円÷5年＝120,000円

期首の減価償却累計額：120,000円×2年＝240,000円

(2) 固定資産売却損（益）

売却価額：　　　　　　　　　　　300,000円

帳簿価額：600,000円－240,000円＝　360,000円

　　　　　　　　　　　　　　　　△60,000円（固定資産売却損）

POINT

●減価償却費の計算において残存価額がゼロなのか取得原価の10％なのか、また取得してからどれだけ経過したかに注意しましょう。

解答・解説

第1回
第2回
第3回
第4回
第5回
第6回
第7回
第8回
第9回

14. 内容不明の入金

(1) 内容不明の入金を受け取ったとき

内容不明の入金は**仮受金勘定（負債）**で処理します。

（当 座 預 金）	230,000	（仮 受 金）	230,000

(2) 入金内容が判明したとき

仮受金で処理していた入金の内容が売掛金の回収と商品代金の手付金であることが判明したため、**売掛金勘定（資産）**と**前受金勘定（負債）**に振り替えます。

（仮 受 金）	230,000	（売 掛 金）	200,000
		（前 受 金）	30,000

POINT

●本問では、内容不明の入金の内容が判明したときの仕訳が問われていることに注意しましょう。

15. 伝票会計

入金伝票に売上と記入されていることから、取引を分割して記入していることがわかります。したがって、振替伝票に記入する金額は40,000円となります。

① 入金伝票

（現 金）	10,000	（売 上）	10,000

② 振替伝票

（売 掛 金）	40,000	（売 上）	40,000

第2問のポイント 難易度 **A** 配点 **20**点 目標点 **16**点

(1) 買掛金勘定と買掛金元帳（仕入先元帳）

買掛金勘定と買掛金元帳（仕入先元帳）の記入問題です。買掛金元帳は仕入先別に買掛金を管理する補助簿です。その買掛金元帳と買掛金勘定の関係を理解していれば基本的な内容の問題といえます。ただし、推定箇所があるので慎重に解きましょう。

(2) 商品有高帳

移動平均法による商品有高帳を作成するとともに、先入先出法によるＸ商品の次月繰越高を計算する問題です。解答を作成する場合には、問われている払出単価の算定方法（移動平均法、先入先出法）の違いを意識して解答することが重要となります。

解 答

(1)　　　（Ａ）～（Ｅ）、①～③については、各1点、④～⑤については各2点

（Ａ）	（Ｂ）	（Ｃ）	（Ｄ）	（Ｅ）
ウ	エ	イ	オ	ア

①	②	③	④	⑤
11,000	925,000	418,000	95,000	9,000

(2)

問1 ●数字につき配点

商 品 有 高 帳
X 商 品

×8年		摘　要	受　入			払　出			残　高		
			数量	単価	金額	数量	単価	金額	数量	単価	金額
6	1	前月繰越	100	300	30,000				100	300	30,000
	5	売　上			❷	60	300	18,000	40	300	12,000
	8	売上戻り	10	300	3,000	❷			50	300	15,000
	12	仕　入	150	308	46,200				200	306	61,200
	22	売　上				180	306	55,080	20	306	6,120 ❷
	30	次月繰越				20	306	6,120			
			260	—	79,200	260	—	79,200			

問2	
¥ ❷	6,160

解　説

(1)

　買掛金元帳は買掛金勘定の取引先別の内訳となっています。そこで、取引の日付に着目し空欄箇所の推定を行います。なお、番号順に推定を行う必要はありません。わかるところから解答します。

POINT

●買掛金に関する帳簿なので、買掛金が増えれば貸方へ記入、減れば借方に記入するという点に注意しながら解きましょう。

1．前月繰越（Eの推定）

　買掛金元帳の貸方には、前月の繰越額（前月末の買掛金残高）を記入します。したがって、Eは「**前月繰越**」と記入します。なお、買掛金勘定の前月繰越と北海道商店勘定と沖縄商店勘定の前月繰越の合計金額は一致するため、沖縄商店勘定の前月繰越は、**買掛金勘定と北海道商店勘定の差額**から求めることができます。

```
              買   掛   金
                    │ 10/ 1  前月繰越  330,000 ─┐
                                               │
              北 海 道 商 店                      │
                    │ 10/ 1  (前月繰越)  210,000 ─┤
                                               │
              沖  縄  商  店                      │
                    │ 10/ 1  (E前月繰越) ( 120,000) ◄┘
```

2．10月8日の取引（D・③の推定）

　10月8日の取引として、沖縄商店勘定の貸方に「仕入れ」「418,000」と記入されているため、以下の仕訳が行われたと推定できます。

（仕　　　　　入）	418,000	（買　　掛　　金）	418,000

　したがって、Dは「**仕入**」、③は「**418,000**」と記入します。

```
              買   掛   金
                    │ 10/ 1  前月繰越   330,000
                    │    8  (D  仕  入)(③418,000) ◄┐
                                                 │
              沖  縄  商  店                        │
                    │ 10/ 1  前月繰越   120,000     │
                    │    8  仕  入  れ   418,000 ─────┘
```

3．10月15日の取引（Aの推定）

　10月15日の取引として、沖縄商店勘定の借方に「現金払い」とあり、また、買掛金勘定の借方に「331,000」と記入されているため、以下の仕訳が行われたと推定できます。

（買　　掛　　金）	331,000	（現　　　　　金）	331,000

　したがって、Aは「**現金**」と記入します。

買　掛　金

| 10/ 9 | 仕　　　入（　　　） | 10/ 1 | 前 月 繰 越 | 330,000 |
| | 15 （**A 現　金**）331,000 | 8 | 仕　　　入 | 418,000 |

沖　縄　商　店

| 10/ 9 | 返　　　品（　⑤　） | 10/ 1 | 前 月 繰 越 | 120,000 |
| | 15 現 金 払 い （**331,000**） | 8 | 仕 入 れ | 418,000 |

取引日が同じ日付となっていることから同一取引と判断します。

POINT

●10月9日の取引は、15日の取引が判明しないと推定できないため、いったん飛ばします。必ずしも、日付順に推定できるわけではないので、分かる部分から解いていきましょう。

4．10月9日の取引（⑤の推定）

　沖縄商店勘定について、10月9日以外の金額欄が判明したことにより貸借差額で⑤の金額が推定できます。

　⑤の金額：538,000円－331,000円－198,000円＝**9,000円**

買　掛　金

| 10/ 9 | 仕　　　入（　**9,000**） | 10/ 1 | 前 月 繰 越 | 330,000 |
| | 15 現　　　金　331,000 | 8 | 仕　　　入 | 418,000 |

沖　縄　商　店

10/ 9	返　　　品（⑤ **9,000**）	10/ 1	前 月 繰 越	120,000
	15 現 金 払 い　331,000	8	仕 入 れ	418,000
	31 （　　　）　198,000			
	538,000			538,000

取引日が同じ日付となっていることから同一取引と判断します。

　なお、10月9日の取引として、沖縄商店勘定の借方に「返品」「9,000」と記入されているため、以下の仕訳が行われたと推定できます。

| （買　　掛　　金） | 9,000 | （仕　　　　入） | 9,000 |

5．10月21日の取引

　買掛金勘定の貸方に記入される取引として残っているのが、北海道商店勘定の貸方に記入されている10月21日の取引のみなので、買掛金勘定の貸方3行目には、10月21日の取引が記入されると推定できます。

　なお、買掛金勘定の貸方に「821,000」とあり、また、北海道商店勘定の貸方に「仕入れ」と記入されているため、以下の仕訳が行われたと推定できます。

（仕 入）	821,000	（買 掛 金）	821,000

	買 掛 金		
10/9 仕 入 9,000		10/1 前月繰越 330,000	
15 現 金 331,000		8 仕 入 418,000	
		(21) (仕 入) 821,000 ◄	

	北 海 道 商 店		
		10/1 前月繰越 210,000	
		21 仕 入 れ（**821,000**）◄	

> 取引日が同じ日付となっていることから同一取引と判断します。

6．10月25日の取引（B・②の推定）

　10月25日の取引として、北海道商店勘定の借方に「普通預金払い」「925,000」と記入されているため、以下の仕訳が行われたと推定できます。

（買 掛 金）	925,000	（普 通 預 金）	925,000

したがって、Bは「**普通預金**」、②は「**925,000**」と記入します。

	買 掛 金		
10/9 仕 入 9,000		10/1 前月繰越 330,000	
15 現 金 331,000		8 仕 入 418,000	
（ ）仕 入（ ① ）		21 仕 入 821,000	
25（**B普通預金**）(② **925,000**)			

	北 海 道 商 店		
10/22 （ ）（ ）		10/1 前月繰越 210,000	
25 普通預金払い 925,000		21 仕 入 れ 821,000	

> 取引日が同じ日付となっていることから同一取引と判断します。

7. 10月22日の取引（①の推定）

　買掛金勘定の借方に記入される取引として残っているのが、北海道商店勘定の借方に記入されている10月22日の取引のみなので、買掛金勘定の借方3行目には、10月22日の取引が記入されると推定できます。

　また、買掛金勘定の10月22日以外の金額欄が判明したことにより貸借差額で①の金額が推定できます。

　　①の金額：330,000円＋418,000円＋821,000円－9,000円－331,000円

　　　　　　－925,000円－293,000円＝**11,000円**

		買　　掛　　金					
10/ 9	仕　　　入	9,000		10/ 1	前 月 繰 越	330,000
15	現　　　金	331,000		8	仕　　入	418,000
(22)	仕　　　入	(①**11,000**)		21	仕　　入	821,000
25	普 通 預 金	925,000				
31	（　C　）	293,000				
		(**1,569,000**)				(**1,569,000**)

		北 海 道 商 店					
10/22	(**返　　品**)	(**11,000**)		10/ 1	前 月 繰 越	210,000
25	普通預金払い	925,000		21	仕　入　れ	821,000

> 取引日が同じ日付となっていることから同一取引と判断します。

　なお、10月22日の取引として、買掛金勘定の借方に「仕入」と記入されているため、以下の仕訳が行われたと推定できます。

（買　　掛　　金）	11,000	（仕　　　　　入）	11,000

8. 次月繰越（C・④の推定）

　買掛金勘定と買掛金元帳の借方には、次月への繰越額（当月末の買掛金残高）を記入します。したがって、Cは「**次月繰越**」と記入します。なお、買掛金勘定の次月繰越と北海道商店勘定と沖縄商店勘定の次月繰越の合計金額は一致するため、北海道商店勘定の次月繰越は、買掛金勘定と沖縄商店勘定の差額から求めることができます。

買　掛　金

10/ 9	仕　　入	9,000	10/ 1	前 月 繰 越	330,000
15	現　　金	331,000	8	仕　　入	418,000
22	仕　　入	11,000	21	仕　　入	821,000
25	普通預金	925,000			
31	**（C次月繰越）**	293,000			
		1,569,000			1,569,000

北 海 道 商 店

10/22	返　　品	11,000	10/ 1	前 月 繰 越	210,000
25	普通預金払い	925,000	21	仕　入　れ	821,000
31	**（次 月 繰 越）**	（④**95,000**）			
		1,031,000			1,031,000

沖　縄　商　店

10/ 9	返　　品	9,000	10/ 1	前 月 繰 越	120,000
15	現 金 払 い	331,000	8	仕　入　れ	418,000
31	**（次 月 繰 越）**	198,000			
		538,000			538,000

差額で推定します。

POINT **買掛金勘定と買掛金元帳**

●買掛金元帳は、仕入先ごとの買掛金の増減を記録する補助元帳
●総勘定元帳の買掛金勘定の金額＝買掛金元帳の仕入先ごとの金額の合計

⑵

1．商品有高帳の記入（移動平均法）…問1

　単価の異なる商品を仕入れるたびに下記の計算式によって平均単価を計算し、それを払出単価とする方法を移動平均法といいます。

$$平均単価＝\frac{残高金額＋受入金額}{残高数量＋受入数量}$$

〈記帳方法〉

・受入欄：商品を仕入れたときに仕入原価を記入します。

・払出欄：商品を販売したときに販売した商品の原価（売上原価）を記入します。
　　　　移動平均法において販売した商品の原価（売上原価）は、販売時におけ
　　　　る在庫商品の平均単価で払い出されたものと仮定して計算し、払出欄の
　　　　金額の記入を行います。
・残高欄：移動平均法では、仕入単価が異なる場合でも、在庫商品と仕入れた商品
　　　　を区別せずに記入します。なお、単価が異なる場合は、前記の計算式に
　　　　より平均単価（仕入原価の平均値）を計算し、記入します。
なお、売上戻りについては、問題文の指示により、**受入欄**に記入することに注意します。

① 6月1日　前月繰越

　本問において、前月繰越分の受入欄と残高欄については、答案用紙に記入済みで
す。

　前月繰越：100個×@300円＝30,000円

② 6月5日　売上げ

　販売分を払出欄に原価で記入します。そのさい、払出額の計算には前月繰越分の平
均単価@300円を用います。

　払出欄の金額：60個×@300円＝18,000円
　残高欄の金額：40個×@300円＝12,000円

③ 6月8日　売上戻り

　売上戻りは、商品が戻ってくるため、商品有高帳に記入します。そのさい、問題文
の指示により受入欄に記入し、平均単価は5日販売時の@300円を用います。

　受入欄の金額：10個×@300円＝3,000円
　残高欄の金額：50個×@300円＝15,000円

POINT

●売上戻りや仕入戻しは商品が戻されたり、または商品を戻したりする
ため、商品有高帳に記入します。なお、商品有高帳にどのように記入
するかは問題文の指示にしたがってください。

④ 6月12日　仕入れ

　仕入分を受入欄に記入します。残高欄に記入する単価は、8日の残高と合算して算
定した平均単価を記入します。

　受入欄の金額：150個×@308円＝46,200円

　12日時点の平均単価：$\frac{15,000円〈8日残高〉＋46,200円〈12日仕入分〉}{50個〈8日残高〉＋150個〈12日仕入分〉}$＝@306円

　残高欄の金額：200個×@306円＝61,200円

⑤ **6月22日　売上げ**

　販売分を払出欄へ原価で記入します。そのさい、払出額の計算には12日時点の平均単価@306円を用います。

　　払出欄の金額：180個×@306円＝55,080円

　　残高欄の金額：20個×@306円＝6,120円

⑥ **6月30日　次月繰越**

　残高欄の最後の金額6,120円を**次月繰越高として払出欄に記入**して締め切ります。

POINT

●商品有高帳の金額はすべて原価で計算・記入することに注意してください。問題文には売価も与えられていますが混同しないように気をつけましょう。

２．次月繰越高の算定（先入先出法）…問2

　先入先出法は、先に受け入れたものから先に払い出したと仮定して商品の払出単価を決める方法です。そのため、期末に残っている在庫は、あとから仕入れた商品ということになります。したがって、本問においては、月末時点の在庫20個はすべて**6月12日仕入分（仕入単価@308円）**となります。

　　20個×@308円＝6,160円（残高欄の金額＝Ｘ商品の次月繰越高）

LECTURE **先入先出法と移動平均法**

●先入先出法：先に受け入れたものから先に払い出したと仮定して商品の払出単価を決める方法。

●移動平均法：商品の受け入れのつど、平均単価を計算して、その平均単価を払出単価とする方法。

第3問のポイント　難易度 A　配点 35点　目標点 27点

決算整理前残高試算表から貸借対照表と損益計算書を作成する問題です。解答の手順は精算表と同じですが、表示科目や記入方法など、精算表と異なる点には注意しましょう。

解　答

●数字につき配点

貸借対照表
×5年3月31日　（単位：円）

現　　　金		（　135,000）	買　掛　金		813,000
普 通 預 金		❸　978,000	前 受 収 益		❸　33,000
売　掛　金	（　500,000）		資　本　金		4,000,000
貸倒引当金	（△ 10,000）	（　490,000）	繰越利益剰余金		❸ 1,054,000
商　　　品		（　235,000）			
前 払 費 用		❸　12,000			
建　　　物	（3,000,000）				
減価償却累計額	（△ 1,300,000）	❸ 1,700,000			
備　　　品	（　600,000）				
減価償却累計額	（△ 50,000）	（　550,000）			
土　　　地		1,800,000			
		（ 5,900,000）			（ 5,900,000）

損益計算書
×4年4月1日から×5年3月31日まで　（単位：円）

売 上 原 価		❸ 1,998,000	売　上　高	3,890,000
給　　　料		（　760,000）	受 取 手 数 料	（　3,000）
水 道 光 熱 費		（　162,000）		
保　険　料		（　36,000）		
通　信　費		❸　32,000		
貸倒引当金繰入		❸　6,000		
減 価 償 却 費		❸　150,000		
❸ 雑　（ 損 ）		（　1,000）		
固定資産売却損		❸　90,000		
❷ 当期純（ 利 益 ）		（　658,000）		
		（ 3,893,000）		（ 3,893,000）

解 説

本問における決算整理事項等の仕訳は次のとおりです。

1．普通預金口座への預け入れ（未処理事項）

現金（資産）の減少とするとともに、**普通預金（資産）の増加**として処理します。

（普 通 預 金）	50,000	（現 金）	50,000

現金：<u>185,000円</u>−50,000円＝135,000円
　　　前T/B

普通預金：<u>928,000円</u>＋50,000円＝978,000円
　　　　　前T/B

2．現金過不足

現金過不足の借方残高（不足額）のうち2,000円は通信費の記帳漏れと判明したため**通信費（費用）の増加**として処理します。なお、原因の判明しなかった1,000円（＝3,000円−2,000円）の不足額は**雑損（費用）の増加**として処理します。

（通 信 費）	2,000	（現 金 過 不 足）	3,000
（雑 損）	1,000		

通信費：<u>30,000円</u>＋2,000円＝32,000円
　　　　前T/B

雑損：1,000円

POINT

●現金過不足のうち、決算時に原因の判明しなかった額は、雑損または雑益として処理します。

3．仮受金の内容判明

（仮 受 金）	68,000	（売 掛 金）	68,000

売掛金：<u>568,000円</u>−68,000円＝500,000円
　　　　前T/B

4．訂正仕訳（車両運搬具の売却）

誤った仕訳の貸借逆仕訳を行い誤った仕訳を取り消し、そのあと正しい仕訳をします。

① 誤った仕訳

（現　　　　　金）	10,000	（車 両 運 搬 具）	800,000
（固定資産売却損）	790,000		

② 誤った仕訳の貸借逆仕訳

~~（車 両 運 搬 具）~~	~~800,000~~	~~（現　　　　　金）~~	~~10,000~~
		~~（固定資産売却損）~~	~~790,000~~
			700,000

③ 正しい仕訳

~~（現　　　　　金）~~	~~10,000~~	~~（車 両 運 搬 具）~~	~~800,000~~
（車両運搬具減価償却累計額）	700,000		
~~（固定資産売却損）~~	~~90,000~~		

④ 訂正仕訳（②と③の仕訳を相殺）

　誤った箇所のみを部分的に修正するために、②と③の仕訳のうち同一勘定科目を相殺します。

（車両運搬具減価償却累計額）	700,000	（固定資産売却損）	700,000

固定資産売却損：790,000円－700,000円＝90,000円
　　　　　　　　　前T/B

POINT

●本来、固定資産を売却したときは、減価償却累計額を減らす必要があります。しかし、期中に行った仕訳では、その処理をしていなかったため、訂正仕訳で正しい仕訳に直しています。

5．貸倒引当金の設定

　売掛金の残高に対して貸倒引当金を設定します。なお、仮受金の内容が判明したことによる売掛金の減少分も反映させます。

（貸 倒 引 当 金 繰 入）	6,000	（貸 倒 引 当 金）	6,000

貸倒引当金設定額：（568,000円－68,000円）×2％＝ 10,000円
　　　　　　　　　　前T/B売掛金　仮受金の
　　　　　　　　　　　　　　　　　内容判明分

貸倒引当金残高： 4,000円
繰入額（差引）： 6,000円

解答・解説

第1回
第2回
第3回
第4回
第5回
第6回
第7回
第8回
第9回

6．売上原価の計算

　期首商品棚卸高を**繰越商品勘定から仕入勘定**に振り替えます。また、期末商品棚卸高を、**仕入勘定から繰越商品勘定**へ振り替えます。

（仕　　　　　入）	198,000*¹	（繰　越　商　品）	198,000
（繰　越　商　品）	235,000*²	（仕　　　　　入）	235,000

　＊1　期首商品棚卸高（前T/B繰越商品）
　＊2　期末商品棚卸高（決算整理事項等6より）

売上原価：198,000円＋2,035,000円－235,000円＝1,998,000円
　　　　　　期首商品　　　前T/B仕入　　期末商品

商品：235,000円

7．固定資産の減価償却

　建物と備品について定額法による減価償却を行います。なお、期中に取得した備品については月割計算を行います。

（減 価 償 却 費）	150,000	（建物減価償却累計額）	100,000*¹
		（備品減価償却累計額）	50,000*²

　＊1　3,000,000円÷30年＝100,000円
　　　　前T/B

　＊2　600,000円÷5年×$\dfrac{5か月}{12か月}$＝50,000円
　　　　前T/B

（建物）減価償却累計額：1,200,000円＋100,000円＝1,300,000円
　　　　　　　　　　　　前T/B

（備品）減価償却累計額：50,000円

解答・解説

第1回
第2回
第3回
第4回
第5回
第6回
第7回
第8回
第9回

8．費用の前払い

　支払った保険料のうち前払額12,000円を**保険料（費用）**から差し引くとともに**前払保険料（資産）**として計上します。

| （前 払 保 険 料） | 12,000 | （保　　険　　料） | 12,000 |

保険料：<u>48,000円</u>－12,000円＝36,000円
　　　　前T/B

前払費用：12,000円

POINT

●前払保険料は、貸借対照表上「前払費用」と表示します。

9．収益の前受け

　当期の3月1日に受け取った12か月分（1年分）の手数料のうち、次期の4月1日から2月28日までの11か月分について、前受分として**受取手数料（収益）**から差し引くとともに**前受手数料（負債）**として計上します。

| （受 取 手 数 料） | 33,000 | （前 受 手 数 料） | 33,000* |

＊　前受収益：$36,000円 \times \dfrac{11か月}{12か月} = 33,000円$

受取手数料：<u>36,000円</u>－33,000円＝3,000円
　　　　　　前T/B

```
                受取日            期末
                                （決算日）
 4/1            3/1             3/31                          2/28
 ├──────────────┼───────────────┼──────────────────────────────→
 │        当  │  期            │
               │当期分：1か月分│        次期分：11か月分        │
                                         ↓
                              受取手数料（収益）を減らす
```

POINT

●前受手数料は、貸借対照表上「前受収益」と表示します。

10. 当期純利益の計算

当期純利益は、損益計算書の収益合計と費用合計の差額で計算します。そして、当期純利益は繰越利益剰余金に振り替え、貸借対照表上は繰越利益剰余金に含めて表示します。

当期純利益：$\underset{\text{収益合計}}{3,893,000円}-\underset{\text{費用合計}}{3,235,000円}=\boxed{658,000円}$

繰越利益剰余金：$\underset{\text{前T/B}}{396,000円}+\underset{\text{当期純利益}}{658,000円}=\boxed{1,054,000円}$

または、

$\underset{\text{資産合計}}{5,900,000円}-\underset{\text{負債・資本金合計}}{4,846,000円}=\boxed{1,054,000円}$

LECTURE　財務諸表

1．損益計算書：一会計期間の収益と費用から当期純利益（または当期純損失）を計算した表で、経営成績を表す。
2．貸借対照表：貸借対照表日（決算日）における資産・負債・資本（純資産）の内容と金額を示した表で、財政状態を表す。

MEMO

解答・解説

第1回
第2回
第3回
第4回
第5回
第6回
第7回
第8回
第9回

解き方

全体として、問題の難易度はそれほど高くありませんので、第1問、第3問、第2問の順で解答していきましょう。

第1問のポイント　難易度 A　配点 45点　目標点 36点

全体的な難易度は標準的で、頻出論点が多く出題されています。しかし、1問目の固定資産税の納付や2問目の手形借入金の返済で見慣れない表現が使われています。問題文を読み込めたかどうかが重要なポイントになります。

解答

仕訳一組につき3点

(注) 実際の本試験では記号のみを解答してください。

	借　方		貸　方	
	記　号	金　額	記　号	金　額
1	(オ) 租 税 公 課	500,000	(ア) 当 座 預 金	500,000
2	(カ) 手 形 借 入 金	1,000,000	(ウ) 当 座 預 金	1,000,000
3	(オ) 旅 費 交 通 費	75,000	(イ) 仮 払 金 (ア) 未 払 金	50,000 25,000
4	(ウ) 普 通 預 金	1,500,000	(イ) 資 本 金	1,500,000
5	(カ) 備 品 (ア) 消 耗 品 費	550,000 5,000	(イ) 普 通 預 金	555,000
6	(ウ) 旅 費 交 通 費 (カ) 雑 損	30,000 8,000	(ア) 現 金 過 不 足 (エ) 受 取 手 数 料	20,000 18,000
7	(ウ) 当座預金A銀行 (エ) 当座預金B銀行	500,000 1,200,000	(カ) 現 金	1,700,000
8	(イ) 法 定 福 利 費 (カ) 社会保険料預り金 (エ) 従業員立替金	252,000 31,500 94,500	(オ) 現 金	378,000
9	(ア) 仕 入 (オ) 仮 払 消 費 税	600,000 60,000	(イ) 現 金 (ウ) 買 掛 金	388,800 271,200
10	(エ) 仮 払 金	10,000	(ア) 現 金	10,000

解答・解説

第1回
第2回
第3回
第4回
第5回
第6回
第7回
第8回
第9回

11	（ア）現　　　　　金	60,000	（カ）受 取 商 品 券	60,000
12	（ウ）通　信　費	5,000	（イ）当 座 預 金	15,000
	（ア）旅 費 交 通 費	8,000		
	（オ）消 耗 品 費	2,000		
13	（エ）普 通 預 金	250,000	（カ）電 子 記 録 債 権	250,000
14	（カ）繰越利益剰余金	5,500,000	（イ）利 益 準 備 金	500,000
			（エ）未 払 配 当 金	5,000,000
15	（ウ）売　掛　金	27,500	（カ）売　　　　上	25,000
			（イ）仮 受 消 費 税	2,500

 解　説

1．固定資産税（租税公課）

固定資産税や自動車税などの税金の納付書を受け取ったときは**租税公課勘定（費用）の増加**として処理します。

なお、納付書（納税通知書）が送られてきただけでは、まだ税金を支払っていないので、租税公課勘定の相手勘定は通常、未払金勘定（負債）の増加として処理します。しかし、本問では「ただちに当座預金口座から振り込んで納付した」とあるため**当座預金勘定（資産）の減少**として処理します。

POINT

●本試験では、本問における「未払金に計上することなく」のようなヒントとなる文章が記載されていることがあります。このようなヒントを見落とさないように問題文を注意深く読むようにしましょう。

2．手形借入金の返済

手形を振り出してお金を借り入れたときは、手形借入金勘定（負債）の増加として処理します。その後、手形借入金を返済したときは、**手形借入金勘定の減少**として処理します。

また、手形借入金の返済額は、当座預金口座から引き落とされているため、**当座預金勘定（資産）の減少**として処理します。

POINT

●手形を振り出してお金を借り入れるときには、お金を借りる側が、貸す側に手形を渡します。そして、貸す側に渡した手形は、お金を返済したときに返却されます。問題文にある、「手形の返却を受けた」という文章は、手形借入金の返済を終えたことを表します。見慣れない文章が問題文にあっても、落ち着いて解答できるようにしましょう。

3．旅費交通費の精算（仮払額を超過した場合）

(1) 旅費を概算払いしたとき

出張などにより従業員へ概算払いをした旅費については、渡したときに仮払金勘定（資産）の増加として処理をします。

（仮 払 金）	50,000	（現 金 な ど）	50,000

(2) 旅費を精算したとき

従業員が出張から戻って旅費の金額が確定したときに、**仮払金勘定の減少**として処理し、**旅費交通費勘定（費用）**に振り替えます。

なお、本問では、事前に渡していた金額が少なかったため、従業員が不足額を立て替えています。この不足分の旅費25,000円についても、**旅費交通費勘定**として計上します。また、従業員が立て替えた旅費は、後日、給料支払時に従業員に支払うため、**未払金勘定（負債）の増加**として処理します。

（旅 費 交 通 費）	75,000	（仮 払 金）	50,000
		（未 払 金）	25,000

POINT

●旅費交通費の総額は、さきに仮払いしていた50,000円と不足額25,000円の合計75,000円である点に注意しましょう。

4．株式の発行（設立時）

会社の設立にあたり、株式を発行したときは、原則として払込金額の全額を**資本金勘定（資本）の増加**として処理します。なお、借方科目は普通預金口座に預け入れられているので、**普通預金勘定（資産）の増加**として処理します。

5．固定資産と消耗品の購入

事務用のオフィス機器を購入したときは**備品勘定（資産）の増加**として、コピー用紙を購入したときは**消耗品費勘定（費用）の増加**として処理します。なお、購入代金は、普通預金口座から振り込んでいるため、**普通預金勘定（資産）の減少**として処理します。

6．現金過不足

原因が判明した現金過不足勘定は対応する勘定科目に振り替えます。

本問では、現金過不足の一部が原因不明のままなので、問題の指示にしたがって、**雑損勘定（費用）**で処理します。

(1) 現金過不足発生時

（現　金　過　不　足）	20,000	（現　　　　　　金）	20,000

(2) 一部原因判明

（旅　費　交　通　費）	30,000	（現　金　過　不　足）	30,000
（現　金　過　不　足）	18,000	（受　取　手　数　料）	18,000

(3) 原因不明分の処理

（雑　　　　　損）	8,000	（現　金　過　不　足）	8,000*

*　20,000円（借方残高）－30,000円＋18,000円
　　＝8,000円（借方残高＝不足分）

POINT

●現金過不足の発生時に借方に計上しているのであり、原因不明分が借方・貸方のどちらに残っているのかを間違えないように注意しましょう。

7．当座預金口座の開設（銀行ごとに勘定科目を設定している場合）

当座預金口座を開設し、現金を預け入れた場合、**当座預金勘定（資産）の増加**として処理します。なお、複数の金融機関（Ａ銀行とＢ銀行）に当座預金口座を開設した場合、事務管理のため、口座ごとに勘定を設定することがあります。本問は問題の指示により、口座ごとに（**当座預金Ａ銀行、当座預金Ｂ銀行**）勘定を設定しています。

8．雇用保険料の納付

会社が従業員に関わる雇用保険料（社会保険料）を納付したときは、会社負担分は**法定福利費勘定（費用）**で処理します。なお、従業員負担分については、納付前の４月から６月分は給料を支給した際に計上している**社会保険料預り金勘定（負債）を取り崩し**、７月以降分は**従業員立替金勘定（資産）の増加**として処理します。

従業員負担分：378,000円－252,000円＝126,000円

社会保険料預り金：$126,000円 \times \dfrac{3か月}{12か月} = 31,500円$

従業員立替金：$126,000円 \times \dfrac{9か月}{12か月} = 94,500円$

雇用保険を納付したときの処理を整理すると次のようになります。
● 会社負担分：法定福利費勘定
● 従業員負担
⇒納付前に給料から差し引いた分：社会保険料預り金勘定
⇒納付後に給料から差し引く分：従業員立替金勘定

9. 商品の仕入れ（消費税あり）

消費税を税抜方式で処理する場合、商品の仕入れは本体価格で**仕入勘定（費用）の増加**として処理します。なお、商品を仕入れたさいに支払った消費税は**仮払消費税勘定（資産）の増加**として処理します。また、支払代金については、税込金額で**現金勘定（資産）の減少**および**買掛金勘定（負債）の増加**として処理します。

仮払消費税：600,000円×10％＝60,000円

買掛金：(600,000円＋60,000円) －388,800円＝271,200円
　　　　　　　　税込支払額

●税率については、問題文に与えられた税率を用いましょう。

10. 入金時に仮払金勘定で処理する方法（入金時）

本問では、「入金時には仮払金勘定で処理し、使用時に適切な勘定に振り替える」という指示があるため、ICカードにチャージしただけの場合には、**仮払金勘定（資産）**として処理します。

11. 受取商品券の精算

信販会社発行の商品券を受け取ったときには、受取商品券勘定（資産）の増加として処理しています。したがって、精算したときには、**受取商品券勘定（資産）の減少**として処理します。また、代金は現金で受け取っているため、**現金勘定（資産）の増加**として処理します。

12. 小口現金の報告と補給

会計係は支払いの報告を受けたときに費用の計上をします。なお、本問は小口現金の支払いの報告を受けて、ただちに小切手を振り出して小口現金を補給しているため、小口現金を使用せずに、直接、**当座預金勘定（資産）の減少**として処理します。

POINT

●インプレスト・システム（定額資金前渡制）のもとで小口現金係から 小口現金の支払報告を受けた取引です。

13. 電子記録債権の決済

電子記録債権が決済されたときには、**電子記録債権勘定（資産）の減少**として処理します。また、受取額は普通預金口座へ振り込まれているため、**普通預金勘定（資産）の増加**として処理します。

14. 剰余金の配当

株主総会において繰越利益剰余金の処分を決定したときは、**繰越利益剰余金勘定（資本）の減少**として処理します。また、利益準備金を積み立てたときは**利益準備金勘定（資本）の増加**として処理します。

なお、株主配当金は、配当を決定しただけでまだ支払っていないので、**未払配当金勘定（負債）**で処理します。

15. 商品の売り上げ・納品書兼請求書（控）

商品を売り上げたときは、**売上勘定（収益）**として処理します。なお、売上金額については、納品書兼請求書（控）の小計欄に記載されている商品（ティーカップ・コップ・スプーンの合計）の金額となります。

（売 上）	25,000	

次に、売り上げにともない受け取った消費税を、**仮受消費税勘定（負債）の増加**として処理します。なお、消費税の金額は納品書兼請求書（控）に記載されています。

（売 上）	25,000	
（仮 受 消 費 税）	2,500	

そして、代金は掛けとしているため、**売掛金勘定（資産）の増加**として処理します。

（売 掛 金）	27,500	（売 上）	25,000	
		（仮 受 消 費 税）	2,500	

(1) 支払利息と未払利息
一会計期間を通じた支払利息に関する問題です。各日付の取引を仕訳して、支払利息勘定と未払利息勘定に記入しましょう。経過勘定の処理は期間を正確に把握することが重要となりますので、タイムテーブルを書くなど工夫をしましょう。

(2) 補助簿の選択と固定資産売却損益の計算
問1は、取引ごとに必要な補助簿を選択する問題です。各取引を仕訳しながら、どの補助簿に記入すべきか考えましょう。もし、わからなくても解答欄を空欄のままにはせず、○印を記入しましょう。
問2は、固定資産売却損益を求める問題です。解きなれている方は、仕訳を省略して、電卓のみで解くことも可能ですが、ケアレスミスを防ぐためにも帳簿価額と売却価額をメモするとよいでしょう。

解答

(1)

●数字につき配点

支 払 利 息

(9/30)	(**ア**)	❷ **9,000**	(3/31)	❷**カ**	(26,000)		
(3/31)	普通預金	(9,000)		❷			
〃	(❷**イ**)	(8,000)					
		(26,000)			(26,000)		

未 払 利 息

(3/31)	❷**オ**	(8,000)	(3/31)	(**ウ**)	❷ **8,000**	
			(4/1)	(**エ**)	(8,000)	

(2)

問1は各日付の○印がすべて正解につき2点
問2は金額と○印がどちらも正解で2点

問1

日付＼補助簿	現金出納帳	当座預金出納帳	商品有高帳	売掛金元帳 (得意先元帳)	買掛金元帳 (仕入先元帳)	仕 入 帳	売 上 帳	固定資産台帳
2日			○		○	○		
16日	○	○						○
18日	○		○	○			○	

問2 ¥ (**882,000**) の固定資産売却 (損 ・ (益))

解答・解説

第1回
第2回
第3回
第4回
第5回
第6回
第7回
第8回
第9回

解 説

（1）

　まず、各取引の仕訳を行います。特に、解答に必要な支払利息、未払利息が計上される仕訳に注目しましょう。

　以下、各取引の仕訳と支払利息勘定、未払利息勘定の記入は次のとおりです。

1．4月1日　借入金の発生（取引先分）

（普 通 預 金）	1,200,000	（借　　　　入　　　　金）	1,200,000

POINT

●支払利息、未払利息が計上されない仕訳は、解答に直接影響しません。

2．9月30日　利払日（取引先分）

（支　払　利　息）	9,000*	（普　通　預　金）	9,000

$$* \quad 1,200,000円 \times 1.5\% \times \frac{6か月}{12か月} = 9,000円$$

支 払 利 息

（9/30）（**普通預金**）（ **9,000**）	

3．12月1日　借入金の発生（銀行分）

（普 通 預 金）	2,000,000	（借　　　　入　　　　金）	2,000,000

4．3月31日　利払日（取引先分）、決算日

（1）　利息の支払い

（支　払　利　息）	9,000*	（普　通　預　金）	9,000

$$* \quad 1,200,000円 \times 1.5\% \times \frac{6か月}{12か月} = 9,000円$$

支 払 利 息

（ 9/30）（普通預金）（ 9,000）	
（**3/31**）普通預金（ **9,000**）	

(2) 決算整理仕訳（銀行分について未払利息の計上）

（支 払 利 息）	8,000*	（未 払 利 息）	8,000

$$\ast \quad 2,000,000円 \times 1.2\% \times \frac{4か月}{12か月} = 8,000円$$

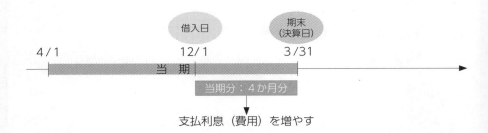

借入日	期末 （決算日）

4／1　　　　　　　　　12／1　　　　　　　3／31

当　期

当期分：4か月分

支払利息（費用）を増やす

支 払 利 息	未 払 利 息
(9/30) (普通預金) (9,000)	3/31 (**支払利息**) (**8,000**)
(3/31) 普通預金 (9,000)	
〃 (**未払利息**) (**8,000**)	

5．決算整理後の勘定記入状況

支 払 利 息	未 払 利 息
(9/30) (普通預金) (9,000)	(3/31) (支払利息) (8,000)
(3/31) 普通預金 (9,000)	
〃 (未払利息) (8,000)	
(**26,000**)	

POINT

●答案用紙にあるＴ勘定で残高を集計し、支払利息は損益勘定への振替額を、未払利息は次期繰越額を確定します。

6．決算振替仕訳

（損　　　　　益）	26,000*	（支 払 利 息）	26,000

$\ast$　9,000円＋9,000円＋8,000円＝26,000円

解答・解説

第1回
第2回
第3回
第4回
第5回
第6回
第7回
第8回
第9回

POINT

●損益項目は残高を損益勘定へ振り替えて締め切りますが、資産・負債・資本項目は勘定上で繰越記入を行って締め切ります。

支 払 利 息

(9/30) (普通預金) (9,000)	(3/31) (損　益) (26,000)
(3/31) 普通預金 (9,000)	
// (未払利息) (8,000)	
(26,000)	(26,000)

7．未払利息勘定の締め切り

①残高合計を反対側に「次期繰越」として記入して、貸借合計を一致させます。

未 払 利 息

| (3/31) (次期繰越) (8,000) | (3/31) (支払利息) (8,000) |
| | (4/1) (前期繰越) (8,000) |

②繰り越した金額を翌期の期首残高として、翌期首の記入も同時に済ませておきます。

8．締め切り後の勘定

支 払 利 息

(9/30) (普通預金) (9,000)	(3/31) (損　益) (26,000)
(3/31) 普通預金 (9,000)	
// (未払利息) (8,000)	
(26,000)	(26,000)

未 払 利 息

| (3/31) (次期繰越) (8,000) | (3/31) (支払利息) (8,000) |
| | (4/1) (前期繰越) (8,000) |

(2)

問1　補助簿の選択

各取引の仕訳をしてから、記入される補助簿を考えましょう。

1．5月2日　仕入戻し

①　取引の仕訳

仕入れた商品を返品したときは、**仕入（費用）** を減らします。また、返品した商品の代金は、掛代金から差し引いているので、**買掛金（負債）** を減らします。

② **補助簿の選択**

　商品の仕入れに関する取引は、**仕入帳**へ記入するとともに、商品を返品したことで商品の在庫が減るので、**商品有高帳**へ記入します。また、買掛金に関する取引は、**買掛金元帳**へ記入します。

買掛金元帳 ◀──(買　掛　金)　20,000　　(仕　　　　入)　20,000 ┐→ 仕　入　帳
　　　　　　　　　　　　　　　　　　　　　　　　　　　　　└→ 商品有高帳
　　　　　　　　　　　　　　　　　　　　　　　　　　　　　　　〈在庫の減少〉

2．5月16日　土地の購入（付随費用あり）

① **取引の仕訳**

　土地を取得したときは、**土地（資産）** を増やします。また、土地の購入代金は小切手を振り出しているので、**当座預金（資産）** の減少として処理します。なお、整地費用は付随費用であるため、土地に含めるとともに現金で支払っているので、**現金（資産）** を減らします。

② **補助簿の選択**

　土地（固定資産）に関する取引は、**固定資産台帳**へ記入します。また、当座預金に関する取引は、**当座預金出納帳**へ、現金に関する取引は、**現金出納帳**へ記入します。

固定資産台帳 ◀──(土　　　地) 5,598,000*² 　(当 座 預 金) 5,400,000*¹→ 当座預金出納帳
　　　　　　　　　　　　　　　　　　　　　　　　(現　　　金)　 198,000 ──→ 現金出納帳

　　＊1　@30,000円×180㎡＝5,400,000円
　　＊2　5,400,000円＋198,000円＝5,598,000円

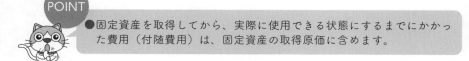

POINT
●固定資産を取得してから、実際に使用できる状態にするまでにかかった費用（付随費用）は、固定資産の取得原価に含めます。

3．5月18日　売上

① **取引の仕訳**

　商品を売り上げたときは、**売上（収益）** を増やします。また、注文時に受け取っていた手付金と相殺したときは、前受金（負債）の減少として処理します。なお、残額は掛けとしているので**売掛金（資産）** を増やします。

　発送費については掛代金に含めるとともに、現金で支払っているので**現金（資産）** を減らします。

② 補助簿の選択

　商品の売上に関する取引は、**売上帳**へ記入するとともに、商品の在庫が減少しているため、**商品有高帳**に記入します。また、売掛金に関する取引は、**売掛金元帳**へ記入し、現金に関する取引は、**現金出納帳**へ記入します。

（前　受　金）	40,000	（売	上）	450,000	→	売　上　帳 商品有高帳 〈在庫の減少〉
売掛金元帳 ◀— （売　掛　金）	410,000					
（発　送　費）	3,000	（現	金）	3,000	→	現金出納帳

問2　固定資産売却損益の算定

1．帳簿価額：5,598,000円

2．売却価額：36,000円×180㎡＝6,480,000円

3．固定資産売却損益：6,480,000円－5,598,000円＝882,000円（売却益）

LECTURE **補助簿**

　補助簿の役割も確認しておきましょう。

- ●現　金　出　納　帳：入金と出金の明細を記録する帳簿
- ●当座預金出納帳：当座預金の預け入れと引き出しの明細を記録する帳簿
- ●商　品　有　高　帳：商品の種類別に、仕入れ（受け入れ）や売上げ（払い出し）のつど、数量、単価、金額を記録して商品の増減や在庫を記録するための帳簿
- ●売　掛　金　元　帳（得意先元帳）：得意先別に売掛金の状況を記録する帳簿
- ●買　掛　金　元　帳（仕入先元帳）：仕入先別に買掛金の状況を記録する帳簿
- ●仕　　入　　帳：商品の仕入れの明細を記録する帳簿
- ●売　　上　　帳：商品の売上げの明細を記録する帳簿
- ●固　定　資　産　台　帳：所有する固定資産の状況を記録する帳簿

第3問のポイント 難易度 A 配点 35点 目標点 27点

決算整理前残高試算表から貸借対照表と損益計算書を作成する問題です。解答の手順は精算表と同じですが、表示科目や記入方法など、精算表と異なる点には注意しましょう。

解 答

●数字につき配点

貸 借 対 照 表
×2年3月31日 　（単位：円）

現　　　　　金		（	179,000）	買　　掛　　金		（	601,000）
当　座　預　金		（	609,500）	借　　入　　金		（	400,000）
売　　掛　　金	（ 455,000）			**（未　払）消費税**		（	200,000）❸
貸倒引当金	（△ 9,100）	❸（	445,900）	未払法人税等		（❸	13,000）
商　　　　　品		（	174,000）	未　払　費　用		（❸	8,000）
❸（前　払）費用		（	25,000）	資　　本　　金		（	2,000,000）
備　　　　　品	（1,200,000）			繰越利益剰余金		（❸	1,586,400）
減価償却累計額	（△ 525,000）	❸（	675,000）				
土　　　　　地		（	2,700,000）				
		（	4,808,400）			（	4,808,400）

損 益 計 算 書
×1年4月1日から×2年3月31日まで 　（単位：円）

売　上　原　価		（❸	3,026,000）	売　　上　　高	（	5,500,000）
給　　　　　料		（	1,800,000）			
貸倒引当金繰入		（	8,800）			
減　価　償　却　費		（	150,000）			
支　払　家　賃		（	275,000）			
水　道　光　熱　費		（❸	44,500）			
通　　信　　費		（❸	64,100）			
保　　険　　料		（	24,000）			
❸ 雑　（損）		（	1,900）			
支　払　利　息		（	20,000）			
法人税,住民税及び事業税		（	21,000）			
当期純（利益）		（❷	64,700）			
		（	5,500,000）		（	5,500,000）

解答・解説

第1回
第2回
第3回
第4回
第5回
第6回
第7回
第8回
第9回

解説

本問における決算整理事項等の仕訳は次のとおりです。

1．現金過不足の整理

　現金の実際有高179,000円が帳簿残高183,000円より4,000円少ないため、**現金（資産）4,000円の減少**として処理します。この現金の不足額のうち2,100円は通信費の記入漏れと判明したため**通信費（費用）**として処理します。なお、原因の判明しなかった不足額1,900円（＝4,000円－2,100円）は**雑損（費用）**として処理します。

（通　信　費）	2,100	（現　　　金）	4,000
（雑　　　損）	1,900		

現金：183,000円－4,000円＝179,000円
　　　　　～～～～～
　　　　　前T/B

通信費：62,000円＋2,100円＝64,100円
　　　　　～～～～～
　　　　　前T/B

雑損：1,900円

POINT

●現金の帳簿残高は、決算整理前残高試算表に記載されている現金勘定の金額です。
●決算日に現金の過不足を整理する場合、「現金過不足」勘定を使用せず、「現金」勘定から直接適切な勘定に振り替えます。

2．訂正仕訳

　誤った仕訳の貸借逆仕訳を行い誤った仕訳を取り消し、そのあと正しい仕訳をします。

①　誤った仕訳

（当　座　預　金）	26,000	（売　　掛　　金）	26,000

②　誤った仕訳の貸借逆仕訳

（売　　掛　　金）	~~26,000~~	（当　座　預　金）	~~26,000~~

③　正しい仕訳

（当　座　預　金）	~~62,000~~	（売　　掛　　金）	~~62,000~~

④　訂正仕訳（②と③の仕訳を相殺）

　誤った箇所のみを部分的に修正するために、②と③の仕訳のうち同一勘定科目を相殺します。

（当　座　預　金）	36,000*	（売　　掛　　金）	36,000

　　＊　62,000円－26,000円＝36,000円

　売掛金：491,000円－36,000円＝455,000円
　　　　　　前T/B

３．水道光熱費の支払い（未処理事項）

（水　道　光　熱　費）	3,500	（当　座　預　金）	3,500

　水道光熱費：41,000円＋3,500円＝44,500円
　　　　　　　前T/B

　当座預金：577,000円＋36,000円－3,500円＝609,500円
　　　　　　前T/B　　２．訂正仕訳
　　　　　　　　　　による増加分

４．貸倒引当金の設定

　売掛金の残高に対して貸倒引当金を設定します。なお、訂正仕訳による売掛金の減少分も反映させます。

（貸倒引当金繰入）	8,800	（貸　倒　引　当　金）	8,800

　貸倒引当金設定額：（491,000円－36,000円）×2％＝9,100円
　　　　　　　　　　前T/B売掛金　２．訂正仕訳
　　　　　　　　　　　　　　　　による減少分

　貸 倒 引 当 金 残 高：　　　　　　　　　　300円
　繰 入 額 （ 差 引 ）：　　　　　　　　　　8,800円

POINT

●訂正する事項がある場合は、決算整理前の売掛金残高を増減させてから貸倒引当金を設定します。
●貸借対照表上、貸倒引当金は、売掛金から控除する形で表示します。

5. 売上原価の計算

期首商品棚卸高を**繰越商品勘定から仕入勘定**に振り替えます。また、期末商品棚卸高を、**仕入勘定から繰越商品勘定**へ振り替えます。

(仕 入)	200,000*1	(繰 越 商 品)	200,000
(繰 越 商 品)	174,000*2	(仕 入)	174,000

* 1　期首商品棚卸高（前Ｔ／Ｂの繰越商品より）

* 2　期末商品棚卸高（決算整理事項等 5. より）

売上原価：200,000円＋3,000,000円－174,000円＝3,026,000円
　　　　　期首商品　　　　前T/B仕入　　　期末商品

商品：174,000円

POINT

●決算整理後の仕入勘定の金額が損益計算書の売上原価の金額となります。また、貸借対照表上では繰越商品勘定は商品として表示します。

6. 減価償却

備品について定額法による減価償却を行います。なお、残存価額がゼロのため、取得原価を耐用年数で割って減価償却費を計算します。

(減 価 償 却 費)	150,000*	(備品減価償却累計額)	150,000

*　減価償却費：1,200,000円÷8年＝150,000円

減価償却累計額：375,000円＋150,000円＝525,000円
　　　　　　　　前T/B

7. 未払消費税の計上

決算において、仮払消費税（支払った消費税）の残高と仮受消費税（預かった消費税）の残高を相殺して差額を**未払消費税勘定（負債）の増加**として処理します。

(仮 受 消 費 税)	440,000	(仮 払 消 費 税)	240,000
		(未 払 消 費 税)	200,000

未払消費税：200,000円

8．費用の未払い

　借入金の利息の支払日は11月末と返済日（×2年5月31日）なので、決算日において×1年12月1日から×2年3月31日までの4か月分の利息が未払いになっています。そこで、4か月分の**支払利息（費用）**と**未払利息（負債）**を計上します。

（支　払　利　息）　8,000　（未　払　利　息）　8,000*

＊　未払利息：$400,000円×6％×\dfrac{4か月}{12か月}=8,000円$

支払利息：$\underset{\text{前T/B}}{\underline{12,000円}}+8,000円=20,000円$

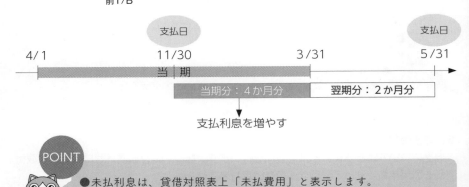

支払利息を増やす

POINT

●未払利息は、貸借対照表上「未払費用」と表示します。

9．費用の前払い

　支払家賃のうち150,000円について、支払日から決算日までの5か月分（×1年11月1日から×2年3月31日）は当期の費用として計上しますが、1か月分（×2年4月1日から×2年4月30日）は翌期の費用となるため、**支払家賃（費用）**から差し引くとともに**前払家賃（資産）**として計上します。

（前　払　家　賃）　25,000*　（支　払　家　賃）　25,000

＊　前払家賃：$150,000円×\dfrac{1か月}{6か月}=25,000円$

支払家賃：$\underset{\text{前T/B}}{\underline{300,000円}}-25,000円=275,000円$

10. 法人税、住民税及び事業税

当期の法人税、住民税及び事業税の金額が決定したら、借方に**法人税、住民税及び事業税**として計上します。そして、**仮払法人税等（資産）**との差額を**未払法人税等（負債）**として計上します。

（法人税,住民税及び事業税）	21,000	（仮 払 法 人 税 等）	8,000
		（未 払 法 人 税 等）	13,000*

* 21,000円－8,000円＝13,000円

11. 当期純利益の計算

損益計算書の収益合計から費用合計と法人税、住民税及び事業税を差し引いて、当期純利益を計算します。さらに、当期純利益を繰越利益剰余金へ振り替えて、貸借対照表の貸借が一致することを確認します。

当期純利益：$\underset{収益合計}{5,500,000円}-\underset{費用合計}{5,414,300円}-\underset{\substack{法人税,住民\\税及び事業税}}{21,000円}=64,700円$

繰越利益剰余金：$\underset{前T/B}{1,521,700円}+\underset{当期純利益}{64,700円}=1,586,400円$

LECTURE **財務諸表**

1. 損益計算書：一会計期間の収益と費用から当期純利益（または当期純損失）を計算した表で経営成績を表す。
2. 貸借対照表：貸借対照表日（決算日）における資産・負債・資本（純資産）の内容と金額を示した表で財政状態を表す。

┌ 解 き 方 ┐

全体的には基礎的な問題が多い回です。第3問の精算表は、総合問題としては比較的解きやすい問題です。そのため、第1問、第3問、第2問の順で解答するのがよいでしょう。

第1問のポイント 難易度 A 配点 45点 目標点 36点

基本的な仕訳問題ばかりです。15問目は請求書（証ひょう）から情報を読み取る問題です。けっして難しい問題ではありません。確実に解答できるように復習しましょう。

解 答 ▶

仕訳一組につき3点

（注）実際の本試験では記号のみを解答してください。

	借　　　方		貸　　　方	
	記　　号	金　額	記　　号	金　額
1	（カ）貯　蔵　品	10,820	（ア）租 税 公 課	10,000
			（エ）通　信　費	820
2	（イ）社会保険料預り金	45,000	（オ）普 通 預 金	90,000
	（ウ）法 定 福 利 費	45,000		
3	（ア）前　受　金	600,000	（カ）売　　　　上	3,020,000
	（オ）売　掛　金	2,420,000		
	（イ）発　送　費	20,000	（エ）現　　　　金	20,000
4	（カ）借　入　金	2,000,000	（イ）当 座 預 金	2,018,000
	（オ）支 払 利 息	18,000		
5	（イ）仮払法人税等	1,200,000	（オ）普 通 預 金	1,200,000
6	（イ）貸 倒 引 当 金	210,000	（オ）売　掛　金	300,000
	（ウ）貸 倒 損 失	90,000		
7	（エ）租 税 公 課	60,000	（イ）現　　　　金	60,000
8	（ア）買　掛　金	250,000	（イ）支 払 手 形	250,000
	（カ）通　信　費	500	（ウ）現　　　　金	500

解答・解説

第1回
第2回
第3回
第4回
第5回
第6回
第7回
第8回
第9回

9	（ウ）普　通　預　金	20,000	（カ）資　　本　　金	20,000
10	（エ）消　耗　品　費	6,000	（オ）仮　　払　　金	6,000
11	（エ）買　　掛　　金	400,000	（ウ）電子記録債務	400,000
12	（カ）当　座　借　越	100,000	（イ）当　座　預　金	100,000
13	（イ）当　座　預　金	75,000	（ア）仮　　受　　金	75,000
14	（ア）支　払　家　賃 （ウ）差　入　保　証　金	240,000 300,000	（エ）普　通　預　金	540,000
15	（エ）備　　　　　品	2,130,000	（ア）未　　払　　金	2,130,000

解　説

1．貯蔵品への振り替え

収入印紙や切手などを購入時に費用計上している場合（収入印紙：租税公課、郵便切手：通信費）、決算時に未使用分を**貯蔵品勘定（資産）**へ振り替えます。したがって、**租税公課勘定（費用）・通信費勘定（費用）の減少、貯蔵品勘定（資産）の増加**として処理します。

2．社会保険料の納付

従業員の社会保険料（健康保険料）は、会社負担分と従業員負担分で処理が異なります。従業員負担分については、給料を支払ったときに社会保険料預り金勘定（負債）の増加として処理しているので、社会保険料を納付したときには、**社会保険料預り金勘定（負債）の減少**として処理します。

一方、会社負担分については、社会保険料を納付したときに、**法定福利費勘定（費用）の増加**として処理します。

3．売上取引

商品に送料を加えた合計額で販売しているため、その合計額を**売上勘定（収益）の増加**として処理します。

また、注文時に受け取っていた手付金を控除した金額を掛けとしているため、手付金については**前受金勘定（負債）の減少**として処理し、商品に送料を加えた合計額との差額については**売掛金勘定（資産）の増加**として処理します。なお、送料は現金で支払っているので、**発送費勘定（費用）の増加**と**現金勘定（資産）の減少**として処理します。

売上：3,020,000円

売掛金：3,020,000円－600,000円＝2,420,000円
　　　　　　　　前受金

●以下の【例】のように、発送費が当社負担と明記されている場合は、発送費を売上に含めずに商品の販売額のみを売上勘定（収益）として処理します。

【例】商品￥3,000,000を販売し、受注したときに手付金として受け取っていた￥600,000を差し引いた金額を掛けとした。また、発送費￥20,000（当社負担）を現金で支払った。

（前 受 金）	600,000	（売 上）	3,000,000
（売 掛 金）	2,400,000		
（発 送 費）	20,000	（現 金）	20,000

4．借入金の返済

お金を借り入れたときは、借入金勘定（負債）の増加として処理します。その後、借入金を返済したときは、**借入金勘定の減少**として処理します。

また、借入金を返済したときに、借入金の元金のほかに利息を支払っているため、**支払利息勘定（費用）の増加**として処理します。

なお、借入金の返済額および支払利息の合計額は、当座預金口座から引き落とされているため、**当座預金勘定（資産）の減少**として処理します。

支払利息：$2,000,000円 \times 2.19\% \times \dfrac{150日}{365日} = \boxed{18,000円}$

POINT

●問題文の「元利合計」とは、借入金の元金と利息の合計という意味です。問題文から利息も支払っていることを判断できるようにしましょう。

5．法人税等の中間申告

法人税等を中間申告したときには、**仮払法人税等勘定（資産）の増加**として処理します。なお、納付額は普通預金口座から支払っているため、**普通預金勘定（資産）の減少**として処理します。

6．貸倒れ

前期以前に発生した売掛金について貸倒れが発生した場合、貸倒引当金勘定に残高があるときは、まず貸倒引当金を取り崩し、充当します。その後、貸倒引当金の残高を超えた部分については、**貸倒損失勘定（費用）**で処理します。

貸倒損失：300,000円－210,000円＝90,000円

7．租税公課

店舗にかかる固定資産税は**租税公課勘定（費用）の増加**とします。

POINT

●第2期分の納付であるため、すでに租税公課として費用を計上し貸方を未払金として処理していると考えた場合、租税公課勘定ではなく未払金勘定で処理する解答も考えられますが、勘定科目に未払金がないので、租税公課の増加とします。

8．買掛金の支払い

買掛金を支払ったときは、**買掛金勘定（負債）の減少**として処理するとともに、約束手形の振り出しは**支払手形勘定（負債）の増加**として処理します。なお、手形の郵送代金は**通信費勘定（費用）**で処理します。

9．株式の発行（増資時）

会社の設立後に、新たに株式を発行して資金を調達することを増資といいます。株式を発行したときは、原則として払込金額の全額を**資本金勘定（資本）の増加**として処理します。

資本金：@200円×100株＝20,000円

POINT

●株式の発行は設立時でも増資時でも会計処理は同じです。

10．入金時に仮払金勘定で処理する方法（使用時）

入金時に仮払金として処理していた金額のうち、使用分を適切な勘定に振り替えます。なお、本問では、消耗品を購入しているため、**消耗品費勘定（費用）**に振り替えます。

11．電子記録債務の発生

電子記録債務が発生したときには、**電子記録債務勘定（負債）の増加**として処理します。また、買掛金はなくなるため、**買掛金勘定（負債）の減少**として処理します。

12. 当座借越勘定の再振替仕訳

決算時において当座預金が貸方残高であった場合には、当座預金勘定（資産）から当座借越勘定（負債）の貸方へ振り替えています。そこで、当期首において、**当座借越勘定（負債）**から**当座預金勘定（資産）**の貸方へ再度振り替えます。

POINT

●当座借越勘定ではなく借入金勘定を使用することもあります。勘定科目の選択肢に注意しましょう。

13. 内容不明の入金

内容不明の入金があったときには、**仮受金勘定（負債）の増加**として処理します。なお、入金額は、当座預金口座へ振り込まれているため、**当座預金勘定（資産）の増加**として処理します。

14. 賃貸契約（差入保証金）

建物を借りたさいに賃借料を支払ったときには、**支払家賃勘定（費用）の増加**として処理します。また、敷金については**差入保証金勘定（資産）の増加**として処理します。なお、支払額は、普通預金口座から支払っているため、**普通預金勘定（資産）の減少**として処理します。

15. 固定資産の取得（請求書の読み取り）

オフィス用のデスクセットを購入したときは、**備品勘定（資産）の増加**として処理します。また、取得原価については、請求書から読み取ります。ここでは、請求書に記載の本体価格2,000,000円に付随費用である配送料30,000円と据付費100,000円を加算した**2,130,000円**を備品の取得原価とします。

なお、代金は後日支払うため、**未払金勘定（負債）の増加**として処理します。

解答・解説

第1回
第2回
第3回
第4回
第5回
第6回
第7回
第8回
第9回

第2問のポイント 難易度 **A** 配点 **20**点 目標点 **16**点

(1) 費用の前払い・勘定記入
保険料勘定と前払保険料勘定の記入問題です。期首の再振替仕訳や期末の保険料の前払いに関する処理も問われています。また、向こう1年分の保険料の支払額に変更がありますので計算に注意しましょう。

(2) 商品有高帳
商品有高帳を作成するとともに、売上総利益などを計算する問題です。払出単価の決定方法には移動平均法が採用されていますので、注意しましょう。

解答

(1)　　　　　　　　　　　　　　　　　　　　　　　　各2点

①	②	③
キ	ウ	イ

（a）	（b）	（c）
14,000	25,000	15,400

(2)　　　　　　　　　　　　　　　　　　　●数字につき配点
問1

商 品 有 高 帳

A 商 品

×8年		摘　要	受　入			払　出			残　高			
			数量	単価	金額	数量	単価	金額	数量	単価	金額	
1	1	前月繰越	60	1,000	60,000				60	1,000	60,000	
	10	仕　入	240	990	237,600				300	992	297,600	❷
	13	売　上				250	992	248,000	50	992	49,600	
	20	仕　入	350	960	336,000				400	964	385,600	
	27	売　上				310	964	298,840	90	964	86,760	❷

問2

売　上　高	売　上　原　価	売　上　総　利　益
¥ ❷　　992,500	¥ ❷　　546,840	¥　　445,660

解　説

(1)

1．前期末の会計処理

①　決算整理仕訳（前払処理）

　保険料は毎年8月1日に向こう1年分を支払っているため、前期末において、7か月分の前払い（1月1日〜7月31日分）が生じます。そこで、保険料の前払分を保険料から減らすとともに前払保険料（資産）を増やします。

> （前　払　保　険　料）　　14,000*　　（保　　険　　料）　　14,000

$$* \quad 24{,}000円 \times \frac{7か月}{12か月} = 14{,}000円$$

②　資産勘定の締め切り

　決算整理後の前払保険料勘定の貸方に「次期繰越」と記入し、借方と貸方の合計金額を一致させて締め切ります。次に、翌期首の日付で借方の勘定科目欄に「前期繰越」と、金額欄に14,000円（本問解答「a」に該当）と記入します。

POINT

●各勘定残高の算定には、前期からの処理を考慮する必要があります。
●保険料は当期より前から前払いしていることに注意しましょう。

2. 1月1日　再振替仕訳

前期末に前払保険料として処理した14,000円を保険料へ振り替えます。

| (保　　険　　料) | 14,000 | (前 払 保 険 料) | 14,000 |

保　険　料		(前払)保険料	
1／1 (前払保険料) (14,000) ①		1／1 (前期繰越) (14,000)	1／1 (**保 険 料**) (**14,000**)

POINT

●再振替仕訳は、前期末の決算整理仕訳の逆仕訳になります。

3. 8月1日　当期における支払い

前期の支払額24,000円から10％増額した26,400円を1年分の保険料として支払います。

| (保　　険　　料) | 26,400* | (現　　　　金) | 26,400 |

＊　24,000円×110％＝26,400円

保　険　料		(前払)保険料	
1／1 (前払保険料) (14,000)		1／1 (前期繰越) (14,000)	1／1 (保 険 料) (14,000)
8／1 現　　金　26,400			

POINT

●8月1日の取引は保険料勘定に記入済みです。

4．12月31日　決算整理仕訳

前期末と同じように当期において支払われた保険料（26,400円）のうち次期の7か月分を前払保険料として処理します。

| （前 払 保 険 料） | 15,400* | （保　　　険　　　料） | 15,400 |

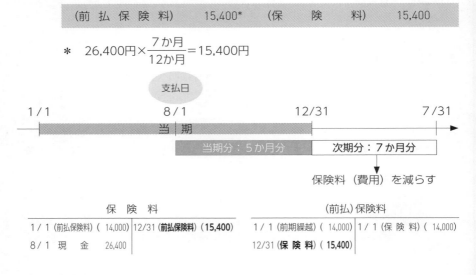

*　$26,400円 × \dfrac{7か月}{12か月} = 15,400円$

支払日

| 1／1 | 8／1 | 12/31 | 7/31 |

当　期

当期分：5か月分　　　次期分：7か月分

保険料（費用）を減らす

保　険　料

| 1／1（前払保険料）（ 14,000) | 12/31（**前払保険料**）（**15,400**) |
| 8／1　現　　金　　26,400 | |

（前払）保険料

| 1／1（前期繰越）（ 14,000) | 1／1（保　険　料）（ 14,000) |
| 12/31（**保　険　料**）（**15,400**) | |

5．決算振替仕訳

決算整理後の保険料の残高を損益勘定へ振り替えます。

| （損　　　　　　益） | 25,000* | （保　　　険　　　料） | 25,000 |

*　14,000円＋26,400円－15,400円＝25,000円
　　または、40,400円－15,400円＝25,000円

LECTURE

●損益項目は残高を損益勘定へ振り替えて締め切ります。
　費用の場合：損益勘定の借方へ振り替え
　収益の場合：損益勘定の貸方へ振り替え

保　険　料

1／1（前払保険料）（ 14,000)	12/31（前払保険料）（ 15,400)
8／1　現　　金　　26,400	〃（**損　　益**）（**25,000**)
	② 　　 b
（ 40,400)	（ 40,400)

解答・解説

第1回
第2回
第3回
第4回
第5回
第6回
第7回
第8回
第9回

6．前払保険料勘定の締め切り

決算整理後の前払保険料勘定の貸方に「次期繰越」と記入し、借方と貸方の合計金額（29,400円）を一致させて締め切ります。次に、翌期首の日付で借方の勘定科目欄に「前期繰越」と、金額欄に15,400円と記入します。

（前払）保険料

1／1（前期繰越）（ 14,000)	1／1（保 険 料）（ 14,000)
12/31（保 険 料）（ 15,400)	12/31（**次期繰越**）（ **15,400**)
	③
	29,400		29,400
1／1（**前期繰越**）（ **15,400**)	

7．1月1日　次期の再振替仕訳

前期末に前払保険料として処理した15,400円を保険料勘定へ振り替えます。

（保　　険　　料）　　15,400　　（前 払 保 険 料）　　15,400

保　険　料

1／1（前払保険料）（ 14,000)	12/31（前払保険料）（ 15,400)
8／1 現　金　26,400	〃（損　　益）（ 25,000)
（ 40,400)	（ 40,400)
1／1（**前払保険料**）（ 15,400)	
	c

（前払）保険料

1／1（前期繰越）（ 14,000)	1／1（保 険 料）（ 14,000)
12/31（保 険 料）（ 15,400)	12/31（次期繰越）（ 15,400)
29,400	29,400
1／1（前期繰越）（ 15,400)	1／1（**保 険 料**）（ **15,400**)

LECTURE　**前払い・前受けと未払い・未収**

経過勘定	費用・収益の処理	
前払○○（資産）	費　用	減らす
前受××（負債）	収　益	
未払○○（負債）	費　用	増やす
未収××（資産）	収　益	

(2)

1．商品有高帳の記入（移動平均法）…問1

商品を仕入れたときは受入欄に、売り上げたときは払出欄に、在庫は残高欄に記入します。移動平均法の場合は、商品を受け入れるごとに平均単価を計算し、その平均単価を次の払出単価とします。

①　1月1日　前月繰越

前月繰越分を受入欄と残高欄に記入します。

60個×@1,000円＝60,000円

② 1月10日　仕入れ

仕入分を受入欄に記入します。残高欄に記入する単価は、前月繰越分と合算して算定した平均単価を記入します。

受入欄の金額：240個×@990円＝237,600円

10日時点の平均単価：

$$\frac{60,000円〈前月繰越〉＋237,600円〈10日仕入分〉}{60個〈前月繰越〉＋240個〈10日仕入分〉}＝@992円$$

残高欄の金額：300個×@992円＝297,600円

③ 1月13日　売上げ

販売分を払出欄へ原価で記入します。そのさい、払出額の計算には10日時点の平均単価@992円を用います。

払出欄の金額：250個×@992円＝248,000円

残高欄の金額：（300個－250個）×@992円＝49,600円

④ 1月20日　仕入れ

仕入分を受入欄に記入します。残高欄に記入する単価は、13日の残高と合算して算定した平均単価を記入します。

受入欄の金額：350個×@960円＝336,000円

20日時点の平均単価：

$$\frac{49,600円〈13日残高〉＋336,000円〈20日仕入分〉}{50個〈13日残高〉＋350個〈20日仕入分〉}＝@964円$$

残高欄の金額：400個×@964円＝385,600円

⑤ 1月27日　売上げ

販売分を払出欄へ原価で記入します。そのさい、払出額の計算には20日時点の平均単価@964円を用います。

払出欄の金額：310個×@964円＝298,840円

残高欄の金額：（400個－310個）×@964円＝86,760円

2．売上高、売上原価、売上総利益の算定…問2
① 売上高

13日の売上高と27日の売上高を合算します。

売上高：250個×@1,800円＋310個×@1,750円＝992,500円
　　　　　13日売上高　　　　27日売上高

解答・解説

第1回
第2回
第3回
第4回
第5回
第6回
第7回
第8回
第9回

②　売上原価

商品有高帳における13日の払出欄の金額と27日の払出欄の金額を合算します。

売上原価：<u>248,000円</u>＋<u>298,840円</u>＝546,840円
　　　　　13日払出　　27日払出

③　売上総利益

売上高から売上原価を引いて、売上総利益を算定します。

売上総利益：<u>992,500円</u>－<u>546,840円</u>＝445,660円
　　　　　　売上高　　　　売上原価

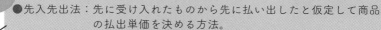

LECTURE　**先入先出法と移動平均法**

●先入先出法：先に受け入れたものから先に払い出したと仮定して商品
　　　　　　　の払出単価を決める方法。
●移動平均法：商品の受け入れのつど、平均単価を計算して、その平均
　　　　　　　単価を払出単価とする方法。

第3問のポイント 難易度 **A** 配点 **35**点 目標点 **27**点

精算表の作成問題と建物の帳簿価額を答える問題です。決算整理事項等①、②に示された未処理事項の仕訳をしてから、決算整理仕訳を行う必要があります。未処理事項で新たに計上した備品の減価償却費は月割計算を行う必要があるので、ケアレスミスに注意しましょう。また、問2では、決算整理後の建物の帳簿価額が問われています。帳簿価額の意味を理解していれば正解は容易でしょう。

解 答

●数字につき配点

問1

精 算 表

勘定科目	残高試算表 借方	残高試算表 貸方	修正記入 借方	修正記入 貸方	損益計算書 借方	損益計算書 貸方	貸借対照表 借方	貸借対照表 貸方
現　　　　　金	135,000						135,000	
現 金 過 不 足	3,200			3,200				
普 通 預 金	1,630,000		150,000				1,780,000 ❸	
当 座 預 金		468,000	468,000					
売 掛 金	880,000			150,000			730,000	
仮 払 金	420,000			420,000				
繰 越 商 品	697,000		568,000	697,000			568,000	
建 物	3,600,000						3,600,000	
備 品	500,000		420,000				920,000	
土 地	4,400,000						4,400,000	
買 掛 金		745,000						745,000
借 入 金		3,200,000						3,200,000
貸 倒 引 当 金		8,600		6,000				14,600
建物減価償却累計額		1,180,000		120,000				1,300,000
備品減価償却累計額		300,000		107,000				407,000 ❸
資 本 金		4,000,000						4,000,000
繰 越 利 益 剰 余 金		1,174,400						1,174,400
売 上		8,670,000				8,670,000		
仕 入	5,300,000		697,000	568,000	5,429,000 ❸			
給 料	1,800,000				1,800,000			
通 信 費	26,800				26,800			
旅 費 交 通 費	94,000		2,800		96,800 ❸			
保 険 料	210,000			30,000	180,000 ❸			
支 払 利 息	50,000		12,000		62,000			
	19,746,000	19,746,000						
雑 （ **損** ）			400		400 ❸			
当 座 借 越				468,000				468,000 ❸
貸倒引当金繰入			6,000		6,000 ❸			
減 価 償 却 費			227,000		227,000 ❸			
（ **未 払** ） 利 息				12,000				12,000 ❸
前 払 保 険 料			30,000				30,000	
当 期 純 （ **利 益** ）					842,000			842,000 ❷
			2,581,200	2,581,200	8,670,000	8,670,000	12,163,000	12,163,000

解答・解説

第1回
第2回
第3回
第4回
第5回
第6回
第7回
第8回
第9回

問2　¥（　**❸**　2,300,000　）

解　説

本問における未処理事項および決算整理事項の仕訳は次のとおりです。

問1
1．未処理事項
(1)　売掛金の回収

売掛金を回収したときは、**売掛金（資産）の減少**として処理するとともに、普通預金口座へ振り込まれた代金は、**普通預金（資産）の増加**として処理します。

（普 通 預 金）	150,000	（売　掛　金）	150,000

(2)　仮払金の判明

仮払いしていた代金は、備品の購入代金であったことが判明したので、**備品（資産）の増加**として処理するとともに、**仮払金（資産）の減少**として処理します。

（備　　　　品）	420,000	（仮　払　金）	420,000

2．決算整理事項
(1)　現金過不足の整理

現金過不足の借方残高3,200円のうち2,800円は旅費交通費の記帳漏れと判明したため**旅費交通費（費用）の増加**として処理します。なお、原因の判明しなかった400円（＝3,200円－2,800円）の借方残高（不足額）については、**雑損（費用）の増加**として処理します。

（旅 費 交 通 費）	2,800	（現 金 過 不 足）	3,200
（雑　　　　損）	400		

POINT

●現金過不足が借方残高の場合は、期中に現金の不足額が生じて現金を減らす処理をしているということです。

(2) 当座借越の振り替え

期末における当座預金の貸方残高は、実質的には借入金であるため、適切な勘定に振り替えます。本問では問題文の指示にしたがって、**当座借越勘定**に振り替えます。

（当 座 預 金）	468,000	（当 座 借 越）	468,000

(3) 貸倒引当金の設定

売掛金の残高に対して貸倒引当金を設定します。なお、売掛金の回収による売掛金の減少分も反映させます。

（貸倒引当金繰入）	6,000*	（貸 倒 引 当 金）	6,000

* 貸倒引当金設定額：$\underbrace{(880,000円}_{\text{前T/B}}-\underbrace{150,000円)}_{1.\text{(1)}} \times 2\% = 14,600円$

貸倒引当金残高： 8,600円

繰入額（差引）： 6,000円

POINT

●未処理事項による売掛金の減少を反映させてから、貸倒引当金設定額を計算しましょう。

(4) 売上原価の計算

期首商品棚卸高を**繰越商品勘定から仕入勘定**に振り替えます。また、期末商品棚卸高を、**仕入勘定から繰越商品勘定**へ振り替えます。

（仕　　　　　入）	697,000	（繰 越 商 品）	697,000
（繰 越 商 品）	568,000	（仕　　　　　入）	568,000

精　算　表

勘定科目	残高試算表 借方	残高試算表 貸方	修正記入 借方	修正記入 貸方	損益計算書 借方	損益計算書 貸方	貸借対照表 借方	貸借対照表 貸方
繰越商品	697,000		➕ 568,000	➖ 697,000			568,000	
仕　　入	5,300,000		➕ 697,000	➖ 568,000	5,429,000			

(5)　減価償却

　建物と備品について定額法による減価償却を行います。なお、残存価額がゼロのため、取得原価を耐用年数で割って減価償却費を計算します。ただし、備品については、未処理事項で判明した期中取得分について月割計算もする必要があります。

（減 価 償 却 費）	227,000	（建物減価償却累計額）	120,000*1
		（備品減価償却累計額）	107,000*2

* 1　3,600,000円÷30年＝**120,000円**

* 2　既存分：500,000円÷5年＝100,000円

　　当期中取得分：420,000円÷5年×$\dfrac{1\text{か月}}{12\text{か月}}$＝7,000円

　　100,000円＋7,000円＝**107,000円**

POINT

●固定資産の減価償却費は、使用を開始した月から計算します。そのため、3月1日から使用している当期に取得した備品については、1か月分の減価償却費を計上します。購入した月から減価償却費を計算するわけではない点に注意しましょう。

(6)　費用の未払い

　借入金の利息の支払日は返済日（×8年11月30日）なので、決算日において×7年12月1日から×8年3月31日までの4か月分の利息が未払いになっています。そこで、4か月分の**支払利息（費用）**と**未払利息（負債）**を計上します。

（支 払 利 息）	12,000	（未 払 利 息）	12,000*

* 　$\underset{\text{借入金}}{\underline{1,200,000円}} × 3\% × \dfrac{4\text{か月}}{12\text{か月}}$＝**12,000円**

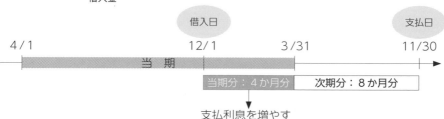

(7) 費用の前払い

支払った保険料のうち前払分30,000円を**保険料（費用）**から差し引くとともに**前払保険料（資産）**として計上します。

（前 払 保 険 料）	30,000	（保 険 料）	30,000

(8) 当期純利益の計算

損益計算書欄の貸方（収益）合計と借方（費用）合計との差額から、当期純利益を算定します。当期純利益は貸借対照表欄へ移記して、貸借が一致することを確認しましょう。

当期純利益：$\underset{\text{収益合計}}{8,670,000円} - \underset{\text{費用合計}}{7,828,000円} = \boxed{842,000円}$

問2　決算整理後の建物の帳簿価額

減価償却を間接法で記帳している有形固定資産の帳簿価額は、取得原価から減価償却累計額を差し引いて計算します。決算整理後の帳簿価額は、貸借対照表欄の金額から計算します。

決算整理後の建物の帳簿価額：$\underset{\text{建物取得原価}}{3,600,000円} - \underset{\text{建物減価償却累計額}}{1,300,000円} = \boxed{2,300,000円}$

LECTURE 当期純利益と当期純損失

● 当期純利益と当期純損失は精算表上、次のように記載されます。借方と貸方を間違えやすいので注意しましょう。

1．当期純利益

勘定科目	〜	損　益　計　算　書		貸　借　対　照　表	
		借　方	貸　方	借　方	貸　方
当期純利益		×××			×××

2．当期純損失

勘定科目	〜	損　益　計　算　書		貸　借　対　照　表	
		借　方	貸　方	借　方	貸　方
当期純損失			×××	×××	

MEMO

解答・解説

第1回

第2回

第3回

第4回

第5回

第6回

第7回

第8回

第9回

解き方

全体的に基礎的な問題で構成されています。ただし、解きなれていないと少し時間のかかる問題といえます。そのため、第1問、第3問、第2問の順で解答するのがよいでしょう。なお、第2問(2)は語群選択問題なので、最初に簡単な箇所だけ解いてもかまいません。

第1問のポイント 難易度 **A** 配点 **45**点 目標点 **36**点

全体的な難易度は標準的で、頻出論点が多く出題されています。しかし、消費税の問題は、問題文を注意して読む必要があります。また、ICカードの使用による問題も、旅費交通費以外にも利用したという点に注意が必要です。
問題文をしっかり読み込めたかどうかが重要なポイントになります。

解答

仕訳一組につき3点

(注) 実際の本試験では記号のみを解答してください。

	借 方		貸 方	
	記 号	金 額	記 号	金 額
1	(イ) 買 掛 金	270,000	(ウ) 支 払 手 形	270,000
2	(カ) 現 金	7,600	(イ) 売 上	16,000
	(エ) 受 取 商 品 券	10,000	(オ) 仮 受 消 費 税	1,600
3	(イ) 旅 費 交 通 費	2,600	(ウ) 仮 払 金	3,300
	(ア) 消 耗 品 費	700		
4	(カ) 備品減価償却累計額	561,000	(オ) 備 品	660,000
	(イ) 現 金	3,000		
	(ア) 固定資産売却損	96,000		
5	(ア) 普 通 預 金	300	(エ) 受 取 利 息	300
6	(ウ) 租 税 公 課	7,000	(オ) 現 金	7,000
7	(ア) 旅 費 交 通 費	17,000	(ウ) 仮 払 金	25,000
	(カ) 現 金	23,000	(オ) 前 受 金	15,000

解答・解説

第1回
第2回
第3回
第4回
第5回
第6回
第7回
第8回
第9回

8	(オ) 売 上	72,000	(カ) 売 掛 金	72,000
9	(ア) 受 取 利 息	36,000	(ウ) 未 収 利 息	36,000
10	(カ) 買 掛 金	500,000	(ア) 売 掛 金 (エ) 当 座 預 金	100,000 400,000
11	(カ) 土 地	150,000	(イ) 現 金	150,000
12	(ウ) 借 入 金 (ア) 支 払 利 息	730,000 4,000	(オ) 当 座 預 金	734,000
13	(カ) 仕 入	203,000	(エ) 前 払 金 (イ) 買 掛 金 (ウ) 現 金	40,000 160,000 3,000
14	(ウ) 所得税預り金	94,000	(ア) 現 金	94,000
15	(オ) 仮払法人税等	60,000	(イ) 普 通 預 金	60,000

解 説

1．買掛金の決済

買掛金を支払ったときは、**買掛金勘定（負債）の減少**として処理します。また、約束手形を振り出しているため**支払手形勘定（負債）の増加**として処理します。

2．売上取引（消費税・税抜方式）

商品を売り上げたときは、**売上勘定（収益）**として処理します。また、商品を売り上げたときに預かった消費税は、**仮受消費税勘定（負債）の増加**として処理します。

		（売 上）	16,000
		（仮 受 消 費 税）	1,600

消費税を含んだ代金のうち、一部は現金で受け取っているため**現金勘定（資産）の増加**で処理し、残りは共通商品券を受け取っているため**受取商品券勘定（資産）の増加**で処理をします。

（現 金）	7,600	（売 上）	16,000
（受 取 商 品 券）	10,000*	（仮 受 消 費 税）	1,600

* 貸借差額

POINT

●消費税について、税抜方式を採用しているときは、仕入時等に支払った消費税は仮払消費税勘定（資産）で、売上時等に預かった消費税は仮受消費税勘定（負債）で処理します。

3．仮払金の精算

(1) ICカードにチャージしたとき

　本問では、ICカードにチャージしたときは、**仮払金勘定（資産）の増加**として処理しています。

（仮 払 金）	×××	（現 金 な ど）	×××

(2) ICカードを使用したとき

　ICカードを使ったときは仮払金（資産）から該当する勘定科目に振り替えます。本問では、**旅費交通費勘定（費用）**と**消耗品費勘定（費用）**に振り替えます。

（旅 費 交 通 費）	2,600	（仮 払 金）	3,300
（消 耗 品 費）	700		

4．固定資産の売却（間接法）

　固定資産を売却したときは、**売却した固定資産とその固定資産に対する減価償却累計額の減少**として処理します。なお、売却時の帳簿価額（＝取得原価－減価償却累計額）と売却価額の差額を**固定資産売却損（益）勘定**として計上します。

　固定資産売却損（益）：3,000円－（660,000円－561,000円）＝△96,000円
　　　　　　　　　　　　　売却価額　　　　売却時の帳簿価額　　　　（固定資産売却損）

POINT

●本問では売却した期の減価償却費についての指示はないので、期首に売却した、または減価償却累計額に含まれていると推定して解答しましょう。

5．利息の受け取り

　利息は普通預金口座へ振り込まれているため**普通預金勘定（資産）の増加**とするとともに、**受取利息勘定（収益）**として処理します。

POINT

●問題文には利息という指示があります。おなじ収益勘定でも、指定勘定科目の中にある「受取手数料」と間違えないように注意しましょう。

解答・解説

第1回
第2回
第3回
第4回
第5回
第6回
第7回
第8回
第9回

6．租税公課の支払い

使用した収入印紙は、**租税公課勘定（費用）の増加**として処理します。

7．旅費交通費の精算と手付金の受け取り

本問には(1)**旅費の精算**と、(2)**商品販売にかかる手付金の受け取り**の 2 つの取引が行われています。

(1) 旅費の精算

出張等により従業員へ概算払いをした旅費については、渡したときに**仮払金勘定（資産）の増加**として処理をします。従業員が出張等から戻り、旅費の金額が確定したときに**仮払金勘定（資産）の減少**として処理し、**旅費交通費勘定（費用）**などに振り替える処理をします。

（旅 費 交 通 費）	17,000	（仮 払 金）	25,000
（現 金）	8,000		

(2) 商品販売にかかる手付金の受け取り

商品販売にかかる手付金は、受け取った現金を**現金勘定（資産）の増加**として処理し、商品を引き渡す義務が発生するため**前受金勘定（負債）の増加**として処理します。

（現 金）	15,000	（前 受 金）	15,000

上記(1)と(2)の 2 つの取引の仕訳をあわせて解答とします。

（旅 費 交 通 費）	17,000	（仮 払 金）	25,000
（現 金）	23,000	（前 受 金）	15,000

8．売上返品

販売した商品が返品されたときは、販売時の逆仕訳を行います。

（売 上）	72,000*	（売 掛 金）	72,000

    * @1,200円×60個＝72,000円

9．再振替仕訳

再振替仕訳とは、前期末の決算整理仕訳で計上した経過勘定等を、期首に逆仕訳して元に戻すことをいいます。本問では前期決算において未収利息勘定（資産）が借方に、受取利息勘定（収益）が貸方に計上されていたので、これを逆仕訳します。

10．買掛金と売掛金の相殺

　同一会社に対する買掛金と売掛金がある場合には、同社の承諾を得て両者を相殺処理することができます。したがって、**買掛金勘定（負債）の減少**として処理するとともに、相殺する**売掛金勘定（資産）を減少**させます。買掛金勘定（負債）の超過分については、小切手を振り出して支払ったため**当座預金勘定（資産）の減少**として処理します。

11．土地の付随費用

　店舗を建てる目的で購入した土地についての整地作業にかかる代金は、土地の取得原価に含めるため、**土地勘定（資産）の増加**として処理します。

POINT

● 本問では整地作業にかかる代金のみが問われていますが、この整地作業にかかる代金についても、土地を使うまでにかかった金額であるため取得原価に含めて処理します。

12．借入金の返済

　お金を借り入れたときは、**借入金勘定（負債）の増加**として処理します。そして、借入金を返済したときは、**借入金勘定（負債）の減少**として処理します。

　なお、利息の支払いは、**支払利息勘定（費用）**として処理します。

$$支払利息：730,000円 \times 2\% \times \frac{100日}{365日} = 4,000円$$

13．仕入取引

　あとで商品を受け取る権利である前払金は、商品を受け取るとなくなるため、**前払金勘定（資産）の減少**として処理します。また、商品代金と前払金の差額は掛けとしているため、**買掛金勘定（負債）の増加**として処理します。なお、仕入諸掛り（引取運賃）は当社負担のため、**仕入勘定（費用）**に含めます。

　　前払金：200,000円 × 20％ ＝ 40,000円
　　買掛金：200,000円 － 40,000円 ＝ 160,000円

14．所得税の納付

　源泉徴収とは、従業員の給料にかかる所得税をいったん会社が預かり、従業員の代わりに国に納めることをいいます。

　従業員から預かっていた所得税を後日納付したときは、**所得税預り金勘定（負債）の減少**として処理します。

解答・解説

第1回
第2回
第3回
第4回
第5回
第6回
第7回
第8回
第9回

15. 法人税等の中間納付・納付書（領収証書）

　普通預金口座から振り込みを行っているため、**普通預金勘定（資産）の減少**として処理します。

		（普　通　預　金）	60,000

　次に納付書の左上「税目」欄に「法人税」とあるため、法人税を納付した際に受け取った納付書（領収証書）であると判断できます。そして、「中間申告」に印が付いているため、**仮払法人税等勘定（資産）**を計上する取引だと判断できます。なお、金額は「合計額」より60,000円です。

（仮 払 法 人 税 等）	60,000	（普　通　預　金）	60,000

第2問のポイント 難易度 A 配点 20点 目標点 16点

(1) 当座預金勘定
当座預金勘定に関する勘定記入の問題です。勘定記入の問題では、借方と貸方を間違えないよう仕訳しながら解くことでケアレスミスを防ぐことができます。

(2) 用語の穴埋め
語群が与えられているため、わからなくても何かしらの解答を記入しましょう。空欄は絶対にダメです。また、本問は語句ではなく記号を答案用紙に記入する点に注意しましょう。問題文を注意深く読み込むクセをつけてください。

解答

(1)   ●数字につき配点
(注) 実際の本試験では記号のみを解答してください。

当 座 預 金

4／ 1 前 期 繰 越	700,000	4／（ 4 ）[ア（現　　　金）]〈　200,000 〉❸
❸（18）[ウ（売　　上）]〈 350,000 〉		（ 7 ）[カ（仕　　入）]〈　250,000 〉❸
（25）[イ（売 掛 金）]〈 450,000 〉		（13）[キ（買 掛 金）]〈　400,000 〉❸
		（27）[エ（支 払 手 形）]〈　300,000 〉
		（29）[オ（水道光熱費）]〈 　30,000 〉

(2)   各2点

①	②	③	④
ア	エ	オ	イ

解説

(1)

　当座預金の預け入れ（増加）や引き出し（減少）の取引は、当座預金勘定を用いて記帳します。なお、当座預金勘定が<u>借方残高であるとき</u>には<u>預金</u>であることを示し、反対に<u>貸方残高であるとき</u>には<u>借越し</u>（当座借越契約にもとづく銀行からの一時的な資金の借入れ）であることを示します。

1. 4月中の取引にもとづく仕訳

① 4／1　前期繰越（記入済み）

```
            当 座 預 金
4/1  前期繰越  700,000 │
                        │〉借方残高  700,000円
```

② 4／4　小切手振り出しによる現金200,000円の引き出し

```
（現    金）  200,000  （当 座 預 金）  200,000

            当 座 預 金
4/1  前期繰越  700,000 │4/4  現    金  200,000
                        │
                        │〉借方残高  500,000円
```

③ 4／7　商品500,000円の仕入れ（小切手振出し250,000円分）

```
（仕    入）  500,000  （当 座 預 金）  250,000
                       （買  掛  金）  250,000

            当 座 預 金
4/1  前期繰越  700,000 │4/4  現    金  200,000
                        │ 7  仕    入  250,000
                        │〉借方残高  250,000円
```

④　4/13　小切手振り出しによる買掛金400,000円の支払い

　　　　　預金が残高不足になり、借越しが生じる場合でも仕訳の貸方は「当座預金」とするだけです。

（買　　　掛　　　金）	400,000	**（当　座　預　金）**	400,000

当　座　預　金

4/1	前期繰越	700,000	4/4	現　　　金	200,000
			7	仕　　　入	250,000
			13	買 掛 金	400,000
	貸方残高	150,000円			

POINT

●当座借越勘定が設定されている場合は、当座預金勘定が貸方残高になった時点で、当座借越勘定に振り替えます。

⑤　4/18　商品350,000円の代金として先方振出しの小切手を受け取り、直ちに当座預金へ預け入れ

　　　　　借越しが生じている状態でも仕訳の借方は「当座預金」とするだけです。

（当　座　預　金）	350,000	（売　　　　　　上）	350,000

当　座　預　金

4/1	前期繰越	700,000	4/4	現　　　金	200,000
			7	仕　　　入	250,000
			13	買 掛 金	400,000
18	売　　　上	350,000	借方残高	200,000円	

解答・解説

第1回
第2回
第3回
第4回
第5回
第6回
第7回
第8回
第9回

⑥　4/25　売掛金450,000円の回収

| （当　座　預　金） | 450,000 | （売　　掛　　金） | 450,000 |

当　座　預　金

4/1	前期繰越	700,000	4/4	現　　金	200,000
			7	仕　　入	250,000
			13	買　掛　金	400,000
18	売　　上	350,000			
25	売　掛　金	450,000			

借方残高　650,000円

⑦　4/27　支払手形300,000円の決済

| （支　払　手　形） | 300,000 | （当　座　預　金） | 300,000 |

当　座　預　金

4/1	前期繰越	700,000	4/4	現　　金	200,000
			7	仕　　入	250,000
			13	買　掛　金	400,000
18	売　　上	350,000	27	支払手形	300,000
25	売　掛　金	450,000			

借方残高　350,000円

⑧　4/29　店舗にかかる電気料金30,000円の支払い

| （水 道 光 熱 費） | 30,000 | **（当 座 預 金）** | 30,000 |

2．4月末日における当座預金勘定の残高（参考）

当 座 預 金

4/1　前期繰越	700,000	4/4　現　　　金	200,000
		7　仕　　　入	250,000
		13　買 掛 金	400,000
18　売　　上	350,000		
		27　支払手形	300,000
25　売 掛 金	450,000	29　水道光熱費	30,000

借方残高　**320,000円**

> 4月末日における当座預金勘定の残高です。

⑵

1．償却債権取立益

　前期以前に貸倒れとして処理した売掛金について、当期にその一部を回収したときは、その回収金額を収益勘定である（**ア　償却債権取立益**）勘定で処理します。

2．利益準備金

　株式会社が繰越利益剰余金を財源として配当を行ったときは、会社法で定められた上限に達するまでは一定額を（**エ　利益準備金**）として積み立てなければなりません。

3．総勘定元帳

　主要簿とは、仕訳帳と（**オ　総勘定元帳**）のことです。

4．資本的支出

　すでに取得済みの有形固定資産の修理、改良などのために支出した金額のうち、その有形固定資産の使用可能期間を延長または価値を増加させる部分を（**イ　資本的支出**）といいます。

第3問のポイント　難易度 B　配点 35点　目標点 24点

決算整理前残高試算表から貸借対照表と損益計算書を作成する問題です。解答の手順は精算表と同じですが、表示科目や記入方法など、精算表と異なる点には注意しましょう。

解答

●数字につき配点

貸　借　対　照　表 （単位：円）

現　　　　金			310,000	買　掛　金		630,000
普　通　預　金		（	550,000）	**（未　払）消費税**	（	351,000）❸
売　　掛　　金	（	700,000）		未 払 法 人 税 等	（❸	200,000）
貸 倒 引 当 金	（△	7,000）	（❸ 693,000）	**（未　払）費　用**	（	10,000）
商　　　　品		（	400,000）	借　入　金	（	1,500,000）
（前　払）費　用		（	40,000）	預　り　金	（	18,000）
建　　　　物	（	2,200,000）		資　本　金	（	3,000,000）
減価償却累計額	（△	300,000）	（❸ 1,900,000）	繰越利益剰余金	（❸	384,001）
備　　　　品	（	600,000）				
減価償却累計額	（△	399,999）	（❸ 200,001）			
土　　　　地			2,000,000			
			（ 6,093,001）			（ 6,093,001）

損　益　計　算　書 （単位：円）

売　上　原　価	（❸ 6,540,000）	売　上　高	（	10,010,000）
給　　　　料	（ 2,200,000）			
法 定 福 利 費	（❸ 210,000）			
支 払 手 数 料	（❸ 60,600）			
租　税　公　課	（ 150,000）			
貸倒引当金繰入	（❸ 4,000）			
減 価 償 却 費	（ 200,000）			
支　払　利　息	（❸ 60,000）			
その他費用	250,000			
法人税、住民税及び事業税	（ 200,000）			
当 期 純 利 益	（❷ 135,400）			
	（ 10,010,000）			（ 10,010,000）

解 説 ▶▶

本問における決算整理事項等の仕訳は次のとおりです。

1．仮受金の内容判明

決算整理前残高試算表（前T/B）に計上されている仮受金69,400円と売掛金の判明額70,000円との差額は、問題文に振込手数料とあるため、**支払手数料（費用）**として処理します。

（仮　受　金）	69,400*1	（売　掛　金）	70,000
（支 払 手 数 料）	600*2		

* 1　前T/Bより
* 2　70,000円－69,400円＝600円

売掛金：770,000円－70,000円＝700,000円
　　　　　前T/B

支払手数料：60,000円＋600円＝60,600円
　　　　　　　前T/B

2．貸倒引当金の設定

売掛金の残高に対して貸倒引当金を設定します。なお、仮受金の内容が判明したことによる売掛金の減少分も反映させます。

（貸 倒 引 当 金 繰 入）	4,000	（貸 倒 引 当 金）	4,000

貸倒引当金設定額：（770,000円－70,000円）×1％＝ 7,000円
　　　　　　　　　　　　　　　仮受金の内容判明分

貸倒引当金残高：　　　　　　　　　　　　　　　3,000円
繰入額（差引）：　　　　　　　　　　　　　　　4,000円

POINT

● 未処理事項がある場合は、決算整理前の売掛金残高を増減させてから貸倒引当金を設定します。
● 貸借対照表上、貸倒引当金は、売掛金から控除する形で表示します。

3．売上原価の計算

　期首商品棚卸高を**繰越商品勘定から仕入勘定**に振り替えます。また、期末商品棚卸高を、**仕入勘定から繰越商品勘定**へ振り替えます。

（仕　　　　入）	440,000*¹	（繰　越　商　品）	440,000
（繰　越　商　品）	400,000*²	（仕　　　　入）	400,000

＊1　期首商品棚卸高（前T/Bの繰越商品より）

＊2　期末商品棚卸高（決算整理事項等3.より）

売上原価：$\underset{\text{期首商品}}{440,000円}＋\underset{\text{前T/B仕入}}{6,500,000円}－\underset{\text{期末商品}}{400,000円}＝6,540,000円$

商品：400,000円

POINT

●決算整理後の仕入勘定の金額が損益計算書上の売上原価の金額となります。また、貸借対照表上では繰越商品勘定は商品として表示します。

4．減価償却

　建物と備品について定額法による減価償却を行います。また、残存価額がゼロのため、取得原価を耐用年数で割って減価償却費を計算します。なお、備品600,000円のうち、減価償却が終了している200,000円については当期に減価償却を行いません。

（減　価　償　却　費）	200,000	（建物減価償却累計額）	100,000*¹
		（備品減価償却累計額）	100,000*²

＊1　減価償却費（建物）：2,200,000円÷22年＝100,000円

＊2　減価償却費（備品）：$(600,000円－\underset{\text{減価償却終了分}}{200,000円})÷4年＝100,000円$

（建物）減価償却累計額：$\underset{\text{前T/B}}{200,000円}＋100,000円＝300,000円$

（備品）減価償却累計額：$\underset{\text{前T/B}}{299,999円}＋100,000円＝399,999円$

POINT

●耐用年数を超えて使用している有形固定資産については減価償却終了後も備忘価額（帳簿価額1円など）を帳簿書類に残しておきます。

5．未払消費税の計上

決算において、仮払消費税（支払った消費税）の残高と仮受消費税（預かった消費税）の残高を相殺して差額を**未払消費税（負債）の増加**として処理します。

（仮 受 消 費 税）	1,001,000	（仮 払 消 費 税）	650,000
		（未 払 消 費 税）	351,000

未払消費税：351,000円

6．費用の未払い

社会保険料の当社負担分のうち未払分については、**法定福利費（費用）の増加**とするとともに、**未払法定福利費（負債）の増加**として処理します。

（法 定 福 利 費）	10,000	（未 払 法 定 福 利 費）	10,000

法定福利費：200,000円＋10,000円＝210,000円
　　　　　　前T/B

未払費用：10,000円

POINT

●未払法定福利費は、貸借対照表上「未払費用」と表示します。

7．費用の前払い

借入時に差し引かれている利息（利息の前払分）のうち、支払日から決算日までの4か月分（12月1日から翌3月31日）は当期の費用として計上しますが、8か月分（翌4月1日から11月30日）は翌期の費用となるため、**支払利息（費用）**から差し引くとともに**前払利息（資産）**として計上します。

（前 払 利 息）	40,000*	（支 払 利 息）	40,000

＊　前払利息：$1,500,000円 \times 4\% \times \dfrac{8か月}{12か月} = 40,000円$

支払利息：100,000円－40,000円＝60,000円
　　　　　　前T/B

●前払利息は、貸借対照表上「前払費用」と表示します。

8．未払法人税等の計上

　当期の法人税等の金額が決定したら、借方に**法人税、住民税及び事業税**として計上します。なお、当期に中間納付はしていないため、法人税等の全額を**未払法人税等（負債）**として計上します。

| (法人税,住民税及び事業税) | 200,000 | （未 払 法 人 税 等） | 200,000 |

未払法人税等：200,000円

9．当期純利益の計算

　当期純利益は、損益計算書の収益合計と費用合計の差額で計算します。そして、当期純利益は繰越利益剰余金に振り替え、貸借対照表上では繰越利益剰余金に含めて表示します。

当期純利益：10,010,000円－9,874,600円＝135,400円
　　　　　　　収益合計　　　費用合計

繰越利益剰余金：248,601円＋135,400円＝384,001円
　　　　　　　　前T/B　　　当期純利益

　　　　　　または、
　　　　　　6,093,001円－5,709,000円＝384,001円
　　　　　　資産合計　　　負債・資本金合計

LECTURE　**財務諸表**

1．損益計算書：一会計期間の収益と費用から当期純利益（または当期純損失）を計算した表で、経営成績を表す。
2．貸借対照表：貸借対照表日（決算日）における資産・負債・資本（純資産）の内容と金額をまとめた表で、財政状態を表す。

解き方

第1問から順に解いていけばよいですが、第2問のボリュームが少ないため、こちらから着手してもよいでしょう。第3問は決算整理仕訳の前に処理する項目が多いため、資料を整理してから解きましょう。

第1問のポイント 難易度 **B** 配点 **45**点 目標点 **30**点

3問目に見慣れない問題がありますが、購入時の付随費用と同様に処理します。第1問は少し難易度が高めですが、基本さえおさえておけば解答できるものばかりです。

解 答

仕訳一組につき3点

（注）実際の本試験では記号のみを解答してください。

	借 方		貸 方	
	記 号	金 額	記 号	金 額
1	（ア）クレジット売掛金	126,000	（ウ）売　　上	126,000
2	（ア）仕　　入	600,000	（イ）現　　金	99,000
	（オ）仮払消費税	60,000	（ウ）買　掛　金	561,000
3	（ウ）土　　地	960,000	（オ）現　　金	960,000
4	（ア）普通預金	4,200,000	（カ）資　本　金	4,200,000
5	（イ）普通預金	400,000	（ア）備　　品	600,000
	（ウ）備品減価償却累計額	210,000	（カ）固定資産売却益	40,000
	（エ）減価償却費	30,000		
6	（イ）支払家賃	600,000	（エ）普通預金	1,050,000
	（ア）差入保証金	450,000		
7	（オ）現　　金	123,000	（ウ）立　替　金	123,000
8	（カ）現　　金	300,000	（ウ）前　受　金	300,000
9	（オ）受取商品券	15,000	（イ）売　　上	45,000
	（ウ）売　掛　金	30,000		
10	（オ）仮　払　金	200,000	（カ）現　　金	200,000

11	（ウ）繰越利益剰余金	9,900,000	（ア）利 益 準 備 金	900,000
			（エ）未 払 配 当 金	9,000,000
12	（エ）社会保険料預り金	180,000	（カ）普 通 預 金	360,000
	（イ）法 定 福 利 費	180,000		
13	（エ）損　　　　益	300,000	（ウ）仕　　　　入	300,000
14	（エ）当 座 借 越	20,000	（ウ）当 座 預 金	20,000
15	（ア）仕　　　　入	507,000	（ウ）買 掛 金	557,700
	（オ）仮 払 消 費 税	50,700		

解　説

1．商品の売上げ・クレジット売掛金

　商品を売り上げた場合、**売上勘定（収益）**として処理します。また、代金の受け取りについてクレジットによる取引を行った場合には、**クレジット売掛金勘定（資産）の増加**として処理します。

POINT

●クレジットにより売上代金を回収する場合、通常の掛け販売による売掛金と区別してクレジット売掛金という勘定科目を使用します。

2．商品の仕入れ（消費税あり）

　商品を仕入れたとき、**税抜方式**では、支払った消費税額を**仮払消費税勘定（資産）**で処理します。なお、税抜方式とは、支払った消費税や受け取った消費税を仕入勘定や売上勘定に含めずに処理する方法をいいます。

　仮払消費税（資産）：600,000円×10％＝60,000円
　　　　　　　　　　　本体価格

3．有形固定資産の購入（付随費用）

　土地の購入にともなって生じた付随費用は、土地の取得原価に含めます。したがって、整地作業の代金である960,000円は**土地勘定（資産）の増加**として処理します。

POINT

●整地作業（付随費用）のみを処理する問題です。土地自体を購入したときの処理は、本問の前に処理済みと考えます。

４．増資

株式会社は事業拡大などの目的のために、株式を新たに発行することがあります。これを増資といい、**資本金勘定（資本）を増加**させます。

資本金：＠600円×7,000株＝4,200,000円

POINT

●設立時に株式を発行した場合も、増資と同じ処理になります。

５．固定資産の売却

固定資産を売却したときは、**売却時の帳簿価額と売却価額の差額**を**固定資産売却損（益）勘定**として計上します。期中に売却しているため、売却時の帳簿価額は期首帳簿価額から当期の減価償却費を控除した金額です。

(1) 期首帳簿価額

① 前期末までの備品減価償却累計額

(ⅰ) ×4年７月１日～×5年３月31日

$$600{,}000円÷５年×\frac{9か月}{12か月}＝90{,}000円$$

(ⅱ) ×5年４月１日～×6年３月31日

$$600{,}000円÷５年＝120{,}000円$$

(ⅲ) (ⅰ)＋(ⅱ)＝210,000円

② 期首帳簿価額

600,000円－210,000円＝390,000円

(2) 当期の減価償却費

$$600{,}000円÷５年×\frac{3か月}{12か月}＝30{,}000円$$

(3) 固定資産売却益

400,000円－(390,000円－30,000円)＝40,000円（固定資産売却益）
　　　　　　　　　売却時の帳簿価額

POINT

●減価償却費の計算は「残存価額ゼロ」であることに注意しましょう。

解答・解説

第1回
第2回
第3回
第4回
第5回
第6回
第7回
第8回
第9回

6．賃貸借契約の締結

建物を借りたさいの賃借料を支払ったときには、**支払家賃勘定（費用）の発生**として処理します。また、敷金については**差入保証金勘定（資産）を増加**させます。

7．通貨代用証券

代金を立て替えたときには、立替金勘定（資産）の増加として処理します。したがって、立替金を精算したときには**立替金勘定（資産）の減少**として処理します。また、送金小切手は通貨代用証券なので、受け取ったときには**現金勘定（資産）の増加**として処理します。

LECTURE

●通貨代用証券には、他人振出小切手、普通為替証書、送金小切手などがあります。

8．手付金の受け取り

商品の販売にあたり、手付金を受け取ったときには、**前受金勘定（負債）の増加**として処理します。

9．商品の売上げ・受取商品券

他社（または業界団体）発行の商品券を受け取った場合は、将来商品の購入に使用したりできる資産の増加として**受取商品券勘定（資産）の増加**として処理します。

10．仮払金の支払い

実際に出張で使用した用途と金額が確定するまでは、**仮払金勘定（資産）**で計上しておきます。

11．剰余金の処分

株主総会において剰余金の配当を決定したときは、利益準備金の積立額と株主配当金の合計額を**繰越利益剰余金勘定（資本）の減少**として処理します。また、利益準備金を積み立てたので、**利益準備金勘定（資本）の増加**として処理します。なお、株主総会において配当することを決定しただけで、配当金の支払いは後日行うため、**未払配当金勘定（負債）の増加**として処理します。

12．社会保険料の納付

社会保険料を納付したときには、従業員負担分は**社会保険料預り金勘定（負債）の減少**として処理し、会社負担分は**法定福利費勘定（費用）**として処理します。

13. 費用の損益振替

費用勘定の決算整理後の残高は、**損益勘定**の借方へ振り替えます。

14. 当座借越の再振替仕訳

決算時において当座預金勘定の残高が貸方残高の場合には、当座借越勘定へ振り替えているので、翌期首に振り戻す仕訳をします。

15. 商品の仕入れ（証ひょう）

商品を仕入れたときには、**仕入勘定（費用）の発生**として処理します。また、代金は後日支払うため、**買掛金勘定（負債）の増加**として処理します。商品の仕入れにともなう消費税は、**仮払消費税勘定（資産）の増加**として処理します。

なお、仕入代金および消費税の金額については、請求書から読み取ります。

第2問のポイント 　難易度 **A** 　配点 **20**点 　目標点 **16**点

(1)　繰越利益剰余金の勘定記入
　繰越利益剰余金に関する勘定記入です。当期が第何期であるか、何を記入すべきかをよく確認しましょう。
(2)　商品有高帳の記入
　先入先出法による商品有高帳を作成するとともに、売上総利益を計算する問題です。解答を作成する際には、問われている払出単価の算定方法をよく確認しましょう。

解　答

(1)　　　　　　　　　　　　　　　　　　　　　　●数字につき配点

①	②	③	④	⑤
❷ 750,000	❸ 3,720,000	❷ オ	❷ カ	❸ 6,120,000

(2)　　　　　　　　　　　　　　　　　　　　　　●数字につき配点

問1　　　　　　　　　　　商　品　有　高　帳
先入先出法　　　　　　　　　　甲　品

×6年		摘　要	受　入			払　出			残　高		
			数量	単価	金　額	数量	単価	金　額	数量	単価	金　額
5	1	前月繰越	5	1,200	6,000				5	1,200	6,000
	(4)	(仕　入)	(20)	(1,150)	(23,000)				(5)	(1,200)	(6,000)
									(20)	(1,150)	(23,000)
	(6)	(売　上)				(5)	(1,200)	(6,000)			
						(10)	(1,150)	(11,500)	(10)	(1,150)	(11,500)
	(11)	(仕　入)	(40)	(1,190)	(47,600)				(10)	(1,150)	(11,500)
									(40)	(1,190)	(47,600)
	(14)	(売　上)				(10)	(1,150)	(11,500)			
						(8)	(1,190)	(9,520)	(32)	(1,190)	(38,080) ❷
	(16)	(売上戻り)	(3)	(1,190)	(3,570) ❷				(35)	(1,190)	(41,650)
	(19)	(売　上)				(20)	(1,190)	(23,800)	(15)	(1,190)	(17,850)
	31	次月繰越				(15)	(1,190)	(17,850)			
			(68)	(－)	(80,170)	(68)	(－)	(80,170)			
6	1	前月繰越	(15)	(1,190)	(17,850)				(15)	(1,190)	(17,850) ❷

問2　×6年5月の売上総利益　（　❷ **61,250** 円　）

解　説

(1)

1. ×3年4月1日　前期繰越額

　第3期（今期）の繰越利益剰余金の前期繰越（×3年4月1日）の金額を把握するために、第1期から順に繰越利益剰余金の金額の推移を確認していきます。

(1) 第1期（前々期）

×2年3/31	（損　　　　　　　益）	1,860,000	（繰越利益剰余金）	1,860,000

　繰越利益剰余金残高：1,860,000円（貸方：次期繰越額）

POINT

●損益勘定は残高を繰越利益剰余金勘定に振り替えて締め切ります。
　当期純利益の場合：繰越利益剰余金勘定の貸方へ振り替え
　当期純損失の場合：繰越利益剰余金勘定の借方へ振り替え

参考：第1期の繰越利益剰余金勘定

繰越利益剰余金

×2年3/31 次 期 繰 越	1,860,000	×2年3/31 損　　　　　益	1,860,000
	1,860,000		1,860,000

(2) 第2期（前期）

① 剰余金の配当

×2年6/26	（繰越利益剰余金）	660,000	（未 払 配 当 金）	600,000
			（利 益 準 備 金）	60,000

　繰越利益剰余金残高：前期繰越額1,860,000円（貸方）－660,000円（借方）
　　　　　　　　　　　＝1,200,000円（貸方）

② 配当金の支払い

×2年6/29	（未 払 配 当 金）	600,000	（普 通 預 金）	600,000

POINT

●繰越利益剰余金が計上されない仕訳は、解答に直接影響しません。

解答・解説

第1回
第2回
第3回
第4回
第5回
第6回
第7回
第8回
第9回

③ **当期純利益の計上**

X3年3/31　（損　　　　益）　2,520,000　（繰越利益剰余金）　2,520,000

　　繰越利益剰余金残高：X2年6月26日　1,200,000円（貸方）＋2,520,000円（貸方）
　　　　　　　　　　　　　　　　　　　　＝3,720,000円（貸方：次期繰越額）

したがって、この3,720,000円がX3年4月1日の前期繰越額となります。

参考：第2期の繰越利益剰余金勘定

繰越利益剰余金

X2年6/26	未払配当金	600,000	X2年4/1	前期繰越	1,860,000
X2年6/26	利益準備金	60,000	X3年3/31	損　　　益	2,520,000
X3年3/31	次期繰越	3,720,000			
		4,380,000			4,380,000

2．X4年3月31日　次期繰越額

第3期の仕訳を行い、繰越利益剰余金勘定に転記します。

第3期（当期）

① **剰余金の配当**

X3年6/24　（繰越利益剰余金）　825,000　（未 払 配 当 金）　750,000
　　　　　　　　　　　　　　　　　　　　（利 益 準 備 金）　 75,000

　　繰越利益剰余金残高：前期繰越額3,720,000円（貸方）－825,000円（借方）
　　　　　　　　　　　　　　　　　　　　＝2,895,000円（貸方）

② **配当金の支払い**

X3年6/27　（未 払 配 当 金）　750,000　（普 通 預 金）　750,000

③ **当期純利益の計上**

X4年3/31　（損　　　　益）　3,225,000　（繰越利益剰余金）　3,225,000

　　繰越利益剰余金残高：X3年6月24日　2,895,000円（貸方）＋3,225,000円（貸方）
　　　　　　　　　　　　　　　　　　　　＝6,120,000円（貸方：次期繰越額）

3．勘定の記入

勘定記入を完成させると、次のようになります。

繰越利益剰余金

X3年6/24	未払配当金	（①）	750,000	X3年4/1	前 期 繰 越	（②3,720,000）
X3年6/24	（③利益準備金）	（	75,000）	X4年3/31	（④損　　　　益）	（ 3,225,000）
X4年3/31	（次 期 繰 越）	（⑤6,120,000）				
		（	6,945,000）			（ 6,945,000）

(2)

1．商品有高帳の記入…問1

　先に受け入れたものから順に払い出すと仮定して、払出単価を決定する方法を先入先出法といいます。単価の異なる商品を受け入れた場合は、それらを区別して記入します。

〈記帳方法〉
- ・受入欄：商品を仕入れたときに仕入原価を記入します。
- ・払出欄：商品を販売したときに販売した商品の原価（売上原価）を記入します。
  先入先出法において販売した商品の原価（売上原価）は、先に受け入れたものから先に払い出すと仮定するため、単価の異なるものごとに分けて記入し、中カッコでくくります。
- ・残高欄：先入先出法では、単価が異なるものごとに分けて記入し、中カッコでくくります。

なお、売上戻りについては、問題文の指示により、**受入欄**に記入することに注意します。

①　5月1日　前月繰越

　本問において、前月繰越分の受入欄と残高欄については、答案用紙に記入済みです。
　　前月繰越：5個×@1,200円＝6,000円

②　5月4日　仕入

　仕入分を受入欄に記入します。前月繰越分と単価が異なるので、残高欄には区別してそれぞれ記入します。
　　　受入欄の金額：20個×@1,150円＝23,000円

③　5月6日　売上

　販売分を払出欄に原価で記入します。前月繰越分の甲品5個から払い出し、残りの10個は4日に仕入れた単価@1,150円の甲品から払い出します。
　　　払出欄の金額（1行目）：5個×@1,200円＝6,000円
　　　払出欄の金額（2行目）：10個×@1,150円＝11,500円
　　　残高欄の金額：10個×@1,150円＝11,500円

④　5月11日　仕入

　仕入分を受入欄に記入します。6日の残高分と単価が異なるので、残高欄には区別してそれぞれ記入します。
　　　受入欄の金額：40個×@1,190円＝47,600円

解答・解説

第1回
第2回
第3回
第4回
第5回
第6回
第7回
第8回
第9回

⑤　5月14日　売上

販売分を払出欄に原価で記入します。４日仕入分の甲品10個から払い出し、残りの８個は11日に仕入れた単価@1,190円の甲品から払い出します。

払出欄の金額（１行目）：10個×@1,150円＝11,500円

払出欄の金額（２行目）：８個×@1,190円＝9,520円

残高欄の金額：32個×@1,190円＝38,080円

⑥　5月16日　売上戻り

返品された商品を売り渡したときに払出欄に記入した単価で受入欄に記入します。問題文より、５月11日分の仕入商品が返品されたものとするとあるので、単価@1,190円を用います。

受入欄の金額：３個×@1,190円＝3,570円

残高欄の金額：35個×@1,190円＝41,650円

POINT

●売上戻りは返品分の売上を取り消すとともに商品も戻ってくるため、商品有高帳にも記入する必要があるので注意しましょう。

⑦　5月19日　売上

販売分を払出欄に原価で記入します。16日の残高分は単価@1,190円の甲品のみであるため、これを払い出します。

払出欄の金額：20個×@1,190円＝23,800円

残高欄の金額：15個×@1,190円＝17,850円

⑧　5月31日　次月繰越

残高欄の最後の金額17,850円を**次月繰越高として払出欄に記入**して締め切ります。

POINT

●商品有高帳の金額はすべて原価で計算・記入します。問題文には売価も与えられていますが、混同しないように気をつけましょう。

2．売上総利益の計算…問 2

売上高：5月6日 @2,400円×15個＝36,000円（千葉株式会社）
5月14日 @2,400円×18個＝43,200円（群馬株式会社）
5月16日 （@2,400円× 3個＝ 7,200円）（群馬株式会社）
5月19日 @2,400円×20個＝48,000円（千葉株式会社）

したがって、売上高は36,000円＋43,200円－7,200円＋48,000円＝120,000円となります。

また、売上原価は商品有高帳払出欄の金額の合計から売上戻りと次月繰越額を除いた80,170円－3,570円－17,850円＝58,750円となります。

売上総利益：売上高120,000円－売上原価58,750円＝61,250円

LECTURE **先入先出法と移動平均法**

●先入先出法：先に受け入れたものから先に払い出したと仮定して商品の払出単価を決める方法。

●移動平均法：商品の受け入れのつど、平均単価を計算して、その平均単価を払出単価とする方法。

第3問のポイント　難易度 A　配点 35点　目標点 27点

決算整理後残高試算表を作成する問題です。
内容としては、決算整理後の残高を集計することになります。
問われているのは基礎的な論点ばかりですが、集計ミスに注意しましょう。余裕のある方は、下書きの作成方法を工夫するなど、スピードアップを図りましょう。

解答

●数字につき配点

問1

決算整理後残高試算表
×8年3月31日　（単位：円）

借　方		勘　定　科　目	貸　方	
	179,200	現　　　　　　金		
	1,116,800	当　座　預　金		
	243,200	受　取　手　形		
	428,800	売　　掛　　金		
③	121,600	繰　越　商　品		
③	3,200	貯　　蔵　　品		
③	12,800	(前　払) 保険料		
③	6,400	(未　収) 利息		
	1,280,000	貸　　付　　金		
	5,760,000	建　　　　　　物		
③	1,440,000	備　　　　　　品		
	4,352,000	土　　　　　　地		
		支　払　手　形		236,800
		買　　掛　　金		348,800
		前　　受　　金	③	140,800
		未　払　消　費　税		203,000
		貸　倒　引　当　金	③	26,880
		建物減価償却累計額		1,920,000
		備品減価償却累計額		552,000
		資　　本　　金		8,000,000
		繰越利益剰余金		2,509,400
		売　　　　　上		4,110,000
		受　取　利　息		6,400
③	2,089,600	仕　　　　　入		
	537,600	給　　　　　料		
③	360,000	減　価　償　却　費		
	20,480	貸倒引当金繰入		
③	44,800	通　　信　　費		
	16,000	租　税　公　課		
	38,400	保　　険　　料		
③	3,200	雑　　　　　損		
	18,054,080			18,054,080

123

問2

当期純 (**利益**)	
¥	❷ **1,006,320**

問1　決算整理後残高試算表の作成

本問における決算日に判明した事項および決算整理事項の仕訳は次のとおりです。

1．決算日に判明した事項

(1)　現金過不足の整理

現金過不足の借方残高9,600円のうち6,400円は通信費の記帳漏れと判明したため **通信費（費用）の増加** として処理します。なお、原因の判明しなかった3,200円（＝9,600円－6,400円）の借方残高（不足額）については、**雑損（費用）の増加** として処理します。

(通　　信　　費)	6,400	(現 金 過 不 足)	9,600
(雑　　　　　損)	3,200*		

＊　貸借差額

通信費：<u>38,400円</u>＋6,400円＝<u>44,800円</u>
　　　　前T/B

(2)　訂正仕訳

誤った仕訳の貸借逆仕訳を行い誤った仕訳を取り消し、そのあと正しい仕訳をします。

① 誤った仕訳

(現　　　　　金)	64,000	(売　　掛　　金)	64,000

② 誤った仕訳の貸借逆仕訳

(売　　掛　　金)	64,000	~~(現　　　　　金)~~	~~64,000~~

③ 正しい仕訳

~~(現　　　　　金)~~	~~64,000~~	(前　　受　　金)	64,000

解答・解説

第1回
第2回
第3回
第4回
第5回
第6回
第7回
第8回
第9回

④ 訂正仕訳（②と③の仕訳を合算）

（売　掛　金）	64,000	（前　受　金）	64,000

売掛金：<u>364,800円</u>＋64,000円＝428,800円
　　　　　前T/B

前受金：<u>76,800円</u>＋64,000円＝140,800円
　　　　　前T/B

(3) 仮払金の判明

仮払金勘定の残高は、全額備品勘定に振り替えます。

（備　　　品）	800,000	（仮　払　金）	800,000

備品：<u>640,000円</u>＋800,000円＝1,440,000円
　　　　前T/B

2．決算整理事項

(1) 売上原価の算定

期首商品棚卸高を**繰越商品勘定から仕入勘定**に振り替えます。また、期末商品棚卸高を、**仕入勘定から繰越商品勘定**へ振り替えます。

（仕　　　　　入）	131,200*1	（繰　越　商　品）	131,200
（繰　越　商　品）	121,600*2	（仕　　　　　入）	121,600

＊1　期首商品棚卸高（前T/B繰越商品）
＊2　期末商品棚卸高（決算整理事項(1)より）

仕入：<u>2,080,000円</u>＋131,200円－121,600円＝2,089,600円
　　　　　前T/B

繰越商品：<u>131,200円</u>－131,200円＋121,600円＝121,600円
　　　　　　前T/B

(2) 貸倒引当金の設定

決算日に判明した事項1.(2)により、売掛金残高が増加していることを考慮したうえで貸倒引当金を設定します。

（貸倒引当金繰入）	20,480*	（貸　倒　引　当　金）	20,480

＊　貸倒引当金見積額：（<u>243,200円</u>＋<u>364,800円</u>＋64,000円）×4％＝26,880円
　　　　　　　　　　　　受取手形　　　　　売掛金

貸倒引当金残高：　　　　　　　　　　　　　　　6,400円
繰　入　額：　　　　　　　　　　　　　　　20,480円

(3) 固定資産の減価償却

建物と備品の減価償却費を算定します。期中に取得した備品については月割りで減価償却費を計上します。

（減 価 償 却 費）	360,000	（建物減価償却累計額）	192,000*1
		（備品減価償却累計額）	168,000*2

* 1　建物：5,760,000円÷30年＝192,000円

* 2　備品（既存）：640,000円÷5年＝128,000円

　　　備品（新規）：800,000円÷5年×$\dfrac{3か月}{12か月}$＝40,000円 ⎫ 168,000円

建物減価償却累計額：1,728,000円＋192,000円＝1,920,000円
　　　　　　　　　　　前T/B

備品減価償却累計額：384,000円＋168,000円＝552,000円
　　　　　　　　　　　前T/B

(4) 貯蔵品への振替（租税公課）

期中に租税公課として処理した収入印紙のうち、期末未使用高については、**貯蔵品（資産）** へ振り替えます。

（貯　　蔵　　品）	3,200	（租　税　公　課）	3,200

租税公課：19,200円－3,200円＝16,000円
　　　　　　前T/B

解答・解説

第1回
第2回
第3回
第4回
第5回
第6回
第7回
第8回
第9回

(5) 費用の前払い

　保険料のうち38,400円について、支払日から決算日までの8か月分（×7年8月1日から×8年3月31日）は当期の費用として計上しますが、4か月分（×8年4月1日から×8年7月31日）は翌期の費用となるため、**保険料（費用）** から差し引くとともに**前払保険料（資産）** として計上します。

（前 払 保 険 料）　12,800*　（保　　険　　料）　12,800

＊　$38,400円 \times \dfrac{4か月}{12か月} = 12,800円$

保険料：$\underline{51,200円}_{前T/B} - 12,800円 = 38,400円$

(6) 収益の未収

　貸付金の利息を受け取るのは返済日（×8年10月31日）であるため、貸付日から決算日までの5か月分（×7年11月1日から×8年3月31日）の利息が未収になっています。そこで、5か月分の**受取利息（収益）** と**未収利息（資産）** を計上します。

（未　収　利　息）　6,400*　（受　取　利　息）　6,400

＊　$1,280,000円 \times 1.2\% \times \dfrac{5か月}{12か月} = 6,400円$

(7) 消費税の処理

決算時に、仮受消費税（預かった消費税）の残高と仮払消費税（支払った消費税）の残高を相殺した差額を納税額として、**未払消費税（負債）**で処理します。

（仮 受 消 費 税）	411,000	（仮 払 消 費 税）	208,000
		（未 払 消 費 税）	203,000

未払消費税：203,000円

問2 当期純利益の計算

決算整理後の収益合計と費用合計により、当期純利益を計算します。

当期純利益：4,116,400円 － 3,110,080円 ＝ 1,006,320円
　　　　　　　　収益合計　　　　費用合計

解答・解説

第1回
第2回
第3回
第4回
第5回
第6回
第7回
第8回
第9回

MEMO

解き方

第1問から順に解いていきましょう。第2問の勘定記入・帳簿作成が苦手な方は、第2問を飛ばして第3問から着手しても構いません。すべての回でいえることですが、第1問で時間をかけすぎないように注意が必要です。

第1問のポイント　難易度 A　配点 45点　目標点 36点

どれも基本的な仕訳問題です。8割（12問）は正解できないといけない問題です。8問目の前払金は、金額を自分で計算する必要がありますが、問題文をよく読めば正答できる問題です。

解答

仕訳一組につき3点

（注）実際の本試験では記号のみを解答してください。

	借　　方		貸　　方	
	記　　号	金　　額	記　　号	金　　額
1	（ウ）買　掛　金	90,000	（オ）仕　　入	90,000
2	（カ）売　掛　金	53,000	（ア）売　　上	53,000
	（オ）発　送　費	3,000	（エ）現　　金	3,000
3	（カ）諸　会　費	198,000	（ア）普　通　預　金	198,000
4	（ウ）損　　益	690,000	（ア）繰越利益剰余金	690,000
5	（カ）受　取　手　形	64,000	（オ）売　掛　金	114,000
	（イ）現　　金	50,000		
6	（ウ）普　通　預　金	960,000	（オ）手　形　借　入　金	1,000,000
	（カ）支　払　利　息	40,000		
7	（ア）備　　品	560,000	（エ）当　座　預　金	260,000
			（カ）未　払　金	300,000
8	（エ）仕　　入	120,000	（ア）前　払　金	60,000
			（イ）買　掛　金	60,000
9	（オ）保　険　料	480,000	（イ）仮　払　金	720,000
	（エ）前払保険料	240,000		
10	（イ）未払配当金	300,000	（エ）普　通　預　金	300,000

解答・解説

第1回
第2回
第3回
第4回
第5回
第6回
第7回
第8回
第9回

11	（ウ）所 得 税 預 り 金	320,000	（エ）普 通 預 金	320,000
12	（イ）通　　信　　費	37,500	（ウ）小 口 現 金	44,100
	（ア）消 耗 品 費	4,500		
	（エ）雑　　　　　費	2,100		
13	（イ）通　　信　　費	4,000	（ア）貯 蔵 品	19,000
	（ウ）租 税 公 課	15,000		
14	（ア）当 座 預 金	42,000	（カ）受 取 利 息	42,000
15	（カ）消 耗 品 費	57,250	（エ）未 払 金	57,250

解　説

1．仕入返品

　掛けで仕入れた商品を返品したときは、掛けによる仕入取引の記録を取り消すため、**仕入勘定（費用）の減少**として処理するとともに、**買掛金勘定（負債）の減少**として処理します。

（買　　掛　　金）	90,000	（仕　　　　　入）	90,000

2．商品の売上げ（売上諸掛り）

　商品を売り上げたときは、**売上勘定（収益）の増加**として処理します。また、売上の対価を掛けとしたときは、**売掛金勘定（資産）の増加**として処理します。なお、商品の送料は費用処理すると指示されているため、**発送費勘定（費用）**として処理します。

POINT

●商品を送料込みの金額で販売していることから、送料込みの金額を売上として計上します。

3．諸会費の支払い

　商工会議所や自治会、同業者団体など、業務に関連するさまざまな団体に支払う会費は**諸会費勘定（費用）の増加**として処理します。なお、支払いは普通預金口座から引き落とされているとあるので、**普通預金勘定（資産）の減少**として処理します。

4．当期純利益の繰越利益剰余金への振り替え

　当期純利益を計上したため、当期純利益を**損益勘定**から**繰越利益剰余金勘定（資本）の貸方**に振り替えます。

5．売掛金の回収

掛け代金を回収したときには、**売掛金勘定（資産）の減少**として処理します。なお、他社振り出しの約束手形を受け取ったときには、**受取手形勘定（資産）の増加**として処理します。また、他社振り出しの小切手を受け取ったときには、**現金勘定（資産）の増加**として処理します。

POINT

●他社振出小切手は通貨代用証券なので、現金勘定で処理します。当座預金勘定で処理しないように注意しましょう。

6．手形借入金

約束手形の振り出しにより借り入れた借入金は、**手形借入金勘定**で処理します。また、振込先は、普通預金口座となっているため、利息を差し引いた残額は**普通預金勘定**で処理します。

POINT

●問題の読みとばしにより、普通預金を当座預金と読み間違えないようにしましょう。

7．固定資産の購入

業務用として使用する目的でコピー複合機を購入しているため、**備品勘定（資産）の増加**として処理します。なお、固定資産を購入したときの搬入設置費用などの付随費用は、固定資産の取得原価に含めて処理します。

また、代金の支払額のうち260,000円は小切手を振り出しているため**当座預金勘定（資産）の減少**として、残額は翌月以降の支払いであるため**未払金勘定（負債）の増加**として処理します。

備品：540,000円＋20,000円＝560,000円
未払金：560,000円－260,000円＝300,000円

POINT

●コピー複合機を販売目的で購入した場合には、商品の仕入れとして（仕入勘定などで）処理します。また、その場合の翌月以降の支払い額は買掛金勘定で処理します。

8．商品の仕入れ（前払金あり）

商品を仕入れたときには、**仕入勘定（費用）** として処理します。なお、商品代金のうち手付金は支払ったときに前払金勘定（資産）を計上しているため、商品を仕入れたときに**前払金勘定（資産）の減少**として処理します。また、掛けとした代金は、**買掛金勘定（負債）** として処理します。

前払金：120,000円×50％＝60,000円

買掛金：120,000円－60,000円＝60,000円

9．費用の前払い

保険料を支払ったときには、仮払金勘定（資産）の増加として処理しているため、内容が判明し、仮払金を精算するさいには、**仮払金勘定（資産）の減少**として処理します。なお、支払った保険料のうち当期分を**保険料勘定（費用）の増加**、翌期分を**前払保険料勘定（資産）の増加**として処理します。

保険料：$720,000円×\dfrac{4か月}{6か月}＝480,000円$

前払保険料：$720,000円×\dfrac{2か月}{6か月}＝240,000円$

10．配当金の支払い

剰余金の配当額は、株主からの承認により決定され、後日支払いが行われます。

（1）剰余金の配当額が決定したときは、未払配当金勘定（負債）の増加として処理します。

（繰越利益剰余金）	×××	（利 益 準 備 金）	×××
		（未 払 配 当 金）	300,000

（2）後日、株主に配当金を支払ったときは、**未払配当金勘定（負債）の減少**として処理します。

（未 払 配 当 金）	300,000	（普 通 預 金）	300,000

11．従業員所得税（源泉徴収税額）の納付

従業員の給料に対する所得税の源泉徴収税額は、いったん会社が預かっておき、後で会社が従業員に代わって納付します。

（1）給料を支払ったときは、所得税の源泉徴収税額を所得税預り金勘定（負債）の増加として処理します。

（給 料）	×××	（普 通 預 金）	×××
		（所 得 税 預 り 金）	320,000

(2) 従業員に代わって、所得税の源泉徴収税額を納付したときは、**所得税預り金勘定（負債）の減少**として処理します。なお、本問では普通預金口座から支払っているため、**普通預金勘定（資産）の減少**として処理します。

| （所　得　税　預　り　金） | 320,000 | （普　　通　　預　　金） | 320,000 |

12. 小口現金

会計係が小口現金係から小口現金の支払報告を受けたときに費用の計上をします。また、支払額を**小口現金勘定（資産）の減少**として処理します。

POINT

●小口現金の支払いの報告を受けて、ただちに小切手を振り出して小口現金を補給したときは、小口現金勘定は使用せずに、直接、当座預金勘定（資産）の減少として処理します。

13. 貯蔵品の再振替仕訳

再振替仕訳にあたって、切手の未使用分については、**貯蔵品勘定（資産）**から**通信費勘定（費用）**へ振り替えます。また、収入印紙の未使用分については、**貯蔵品勘定（資産）**から**租税公課勘定（費用）**へ振り替えます。

14. 利息の受け取り

貸付金に対する利息を受け取ったときには、**受取利息勘定（収益）の増加**として処理します。

15. 消耗品の購入（証ひょう）

事務作業などで使用する少額の物品で、すぐに無くなってしまうようなものを消耗品といいます。消耗品の購入時に請求書を受け取ったときは、その記載内容にもとづいて**消耗品費勘定（費用）の増加**として処理します。

また、消耗品は商品以外の物品なので、後払いの金額は、買掛金勘定ではなく**未払金勘定（負債）の増加**として処理します。

POINT

●消耗品の購入にともなう送料は消耗品費勘定に含めて処理します。

第2問のポイント 難易度 A ｜配点 20点｜目標点 16点

(1)　固定資産台帳
固定資産台帳を読み取り、勘定記入を完成させる問題です。各勘定の空欄が、固定資産台帳のどこと対応しているのか把握できるようにしましょう。

(2)　補助簿の選択
各取引ごとに必要な補助簿を選択する問題です。各取引を仕訳しながら、どの補助簿に記入すべきか考えましょう。もし、わからなくても解答欄を空欄のままにはせず、○印を記入しましょう。

解答

(1)　　　　　　　　　　　　　　　　　　　　　　　　　　　●数字につき配点

備　　　品

日	付	摘　要	借　方	日	付	摘　要	貸　方
×8	4	1	（　エ　）	❷ 1,800,000	×9	3	31	❷ ウ	（ 2,400,000 ）
×9	2	1	普 通 預 金	❷ 600,000					
				（ 2,400,000 ）					（ 2,400,000 ）

備品減価償却累計額

日	付	摘　要	借　方	日	付	摘　要	貸　方
×9	3	31	（　ウ　）| ❷ 1,122,500	×8	4	1	（　エ　）| ❷ 770,000
					×9	3	31	❷ イ	（ 352,500 ）
				（ 1,122,500 ）					（ 1,122,500 ）

	現　　金 出 納 帳	当座預金 出 納 帳	受取手形 記 入 帳	支払手形 記 入 帳	売 掛 金 元　　帳	買 掛 金 元　　帳	仕入帳	売上帳	商　　品 有 高 帳	固定資産 台　　帳	
1	○		○		○			○	○		❷
2		○		○		○	○		○		❷
3	○			○		○					❶
4	○				○						❶
5		○								○	❷

解　説

(1)

1．備品勘定と備品減価償却累計額勘定の前期繰越額（×8年4月1日）

① 備品勘定の前期繰越額

　×8年3月31日（前期末）までに取得した備品が、×8年4月1日における備品勘定の前期繰越額として記載されます。

　　備品勘定「前期繰越」：1,200,000円〈備品X〉＋600,000円〈備品Y〉
　　　　　　　　　　　　　＝1,800,000円

② 備品減価償却累計額勘定の前期繰越額

　前期以前に取得した備品Xと備品Yの前期末までの減価償却累計額が、備品減価償却累計額勘定の前期繰越額として記載されます。

　　備品減価償却累計額勘定「前期繰越」：
　　　720,000円〈備品X〉＋50,000円〈備品Y〉＝770,000円

POINT

●備品減価償却累計額勘定の前期繰越の金額は、固定資産台帳の期首減価償却累計額から判明します。

2．×9年2月1日　備品Zの購入

　固定資産台帳の期首（期中取得）取得原価より備品Zを600,000円で購入したことがわかります。

（備　　　　　品）	600,000	（普　通　預　金）	600,000

3．x9年3月31日　決算整理：備品X、備品Y、備品Zの減価償却

当期末に所有している備品について減価償却を行います。

（減 価 償 却 費）	352,500	（備品減価償却累計額）	352,500

POINT

●減価償却費の金額は、固定資産台帳の当期減価償却費から判明します。

4．備品減価償却累計額勘定の次期繰越額（x9年3月31日）

前期繰越額に当期の減価償却費を足して、次期繰越額を求めます。

備品減価償却累計額勘定「次期繰越」：770,000円＋352,500円＝1,122,500円
　　　　　　　　　　　　　　　　前期繰越額　　　当期計上額

各勘定の空欄は、固定資産台帳の該当箇所から導きます。

固 定 資 産 台 帳

取得年月日	名称等	期末数量	耐用年数	期首(期中取得)取 得 原 価	期　　首減価償却累計額	差引期首(期中取得)帳簿価額	当　　　期減 価 償 却 費
備品							
x5年4月1日	備品X	8	5年	1,200,000	720,000	480,000	240,000
x7年10月1日	備品Y	2	6年	600,000	50,000	550,000	100,000
x9年2月1日	備品Z	1	8年	600,000	0	600,000	12,500
小　計				2,400,000	770,000	1,630,000	352,500

備　　　　　品

日	付	摘　　要	借　方	日	付	摘　　要	貸　方
x8	4　1	(前 期 繰 越)	(1,800,000)	x9	3　31	(次 期 繰 越)	(2,400,000)
x9	2　1	普 通 預 金	(600,000)				
			(2,400,000)				(2,400,000)

備品減価償却累計額

日	付	摘　　要	借　方	日	付	摘　　要	貸　方
x9	3　31	(次 期 繰 越)	(1,122,500)	x8	4　1	(前 期 繰 越)	(770,000)
				x9	3　31	(減 価 償 却 費)	(352,500)
			(1,122,500)				(1,122,500)

LECTURE 固定資産台帳

●土地や建物などの有形固定資産を管理するために作成する帳簿を固定資産台帳といい、固定資産の取得から減価償却額、売却などの処分に至るまでの経緯を資産ごとに記録します。なお、固定資産台帳には、決まった形式はないので、本試験で出題されたときには、資料をよく確認しましょう。

(2)

各取引の仕訳をしてから、記入される補助簿を考えましょう。なお、取引の文章に金額が示されていませんが、帳簿の選択には関係しません。

1. 商品の売上げ

商品を売り上げたときは、**売上（収益）**を増やします。また、注文時に受け取っていた手付金と相殺したときは、前受金（負債）を減らします。なお、手付金を差し引いた残りの半額を約束手形で受け取り、もう半額を掛けとしているので**受取手形（資産）**と**売掛金（資産）**を増やします。

発送費については発送費（費用）を増やすとともに、現金で支払っているので**現金（資産）**を減らします。

（前 受 金）	（売	上）	▶ 売 上 帳
受取手形記入帳 ◀(受 取 手 形)			商品有高帳
売 掛 金 元 帳 ◀(売 掛 金)			
（発 送 費）	（現	金）▶	現 金 出 納 帳

商品の売上に関する取引は、**売上帳**へ記入するとともに、商品の在庫が減少しているため、**商品有高帳**に記入します。また、受取手形に関する取引は、**受取手形記入帳**へ、売掛金に関する取引は、**売掛金元帳**へ記入し、現金に関する取引は、**現金出納帳**へ記入します。

2. 商品の仕入

商品を仕入れたときは、**仕入（費用）**を増やします。また、注文時に支払っていた手付金と相殺したときは、前払金（資産）を減らします。なお、手付金を差し引いた残りのうち半額を約束手形で支払い、もう半額を掛けとしているので**支払手形（負債）**と**買掛金（負債）**を増やします。

引取費については仕入に含めるとともに、小切手を振り出しているので**当座預金（資産）**を減らします。

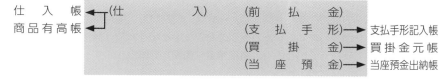

```
仕　入　帳 ←┐(仕　　　　　　　入)　　(前　払　　金)
商品有高帳 ←┘　　　　　　　　　　(支　払　手　形)→ 支払手形記入帳
　　　　　　　　　　　　　　　　　(買　掛　　　金)→ 買掛金元帳
　　　　　　　　　　　　　　　　　(当　座　預　金)→ 当座預金出納帳
```

　商品の仕入に関する取引は、**仕入帳**へ記入するとともに、商品の在庫が増加しているため、**商品有高帳**へ記入します。また、支払手形に関する取引は、**支払手形記入帳**へ、買掛金に関する取引は、**買掛金元帳**へ記入し、当座預金に関する取引は、**当座預金出納帳**へ記入します。

POINT

● 「売掛金元帳」は「得意先元帳」、「買掛金元帳」は「仕入先元帳」で出題されることもあります。

３．買掛金の支払い

　買掛金を支払ったときは、**買掛金（負債）**を減らします。また、約束手形を振り出しているため、**支払手形（負債）**を増やします。なお、当社負担の郵送料については通信費（費用）を増やすとともに、現金で支払っているので**現金（資産）**を減らします。

```
買 掛 金 元 帳 ←(買　　掛　　　金)　　(支　払　手　形)→ 支払手形記入帳
　　　　　　　　(通　　信　　　費)　　(現　　　　　金)→ 現金出納帳
```

　買掛金に関する取引は、**買掛金元帳**へ記入します。また、支払手形に関する取引は、**支払手形記入帳**へ記入し、現金に関する取引は、**現金出納帳**に記入します。

４．売掛金の回収

　売掛金を回収したときは、**売掛金（資産）**を減らします。また、代金は得意先振り出しの小切手で受け取っているので、通貨代用証券として**現金（資産）**を増やします。

```
現 金 出 納 帳 ←(現　　　　　金)　　(売　　掛　　　金)→ 売 掛 金 元 帳
```

　売掛金に関する取引は、**売掛金元帳**へ記入します。また、現金に関する取引は、**現金出納帳**へ記入します。

POINT

● 他人振出の小切手を受け取ったときは現金として処理するため、当座預金出納帳に記入しないように注意しましょう。

5．備品の購入

　大型キャビネットなどの備品を購入したときは、配送料及び据付費の付随費用を含め**備品（資産）**を増やします。また、備品の購入代金と配送料及び据付費を合わせて小切手を振り出して支払っているので、**当座預金（資産）**を減らします。

固定資産台帳 ◀──（備　　　　　　品）　（当　座　預　金）──▶ 当座預金出納帳

　備品（固定資産）に関する取引は、**固定資産台帳**へ記入します。また、当座預金に関する取引は、**当座預金出納帳**へ記入します。

POINT

●固定資産を取得してから、実際に使用できる状態にするまでにかかった費用（付随費用）は、固定資産の取得原価に含めます。

LECTURE　**補助簿**

●現金出納帳：入金と出金の明細を記録する帳簿
●当座預金出納帳：当座預金の預け入れと引き出しの明細を記録する帳簿
●受取手形記入帳：受取手形の明細を記録する帳簿
●支払手形記入帳：支払手形の明細を記録する帳簿
●売掛金元帳：得意先別に売掛金の状況を記録する帳簿
●買掛金元帳：仕入先別に買掛金の状況を記録する帳簿
●仕入帳：商品の仕入れの明細を記録する帳簿
●売上帳：商品の売上げの明細を記録する帳簿
●商品有高帳：商品の種類別に、仕入れ（受け入れ）や売上げ（払い出し）のつど、数量、単価、金額を記録して商品の増減や在庫を記録するための帳簿
●固定資産台帳：所有する固定資産の状況を記録する帳簿

第3問のポイント 難易度 **C** 配点 **35**点 目標点 **24**点

決算整理前の総勘定元帳の各勘定残高から損益計算書と貸借対照表を作成する問題です。解答の手順は精算表と同じですが、記入方法など、精算表と異なる点には注意しましょう。

解 答

●数字につき配点

損 益 計 算 書

○○株式会社　　×7年 (**4**) 月 (**1**) 日～×8年 (**3**) 月 (**31**) 日　　（単位：円）

費　　　　用	金　　額	収　　　　益	金　　額
売 上 原 価	(**❸**　591,500)	売 上 高	(1,070,000)
給 料	(52,500)	受 取 手 数 料	(69,200)
広 告 宣 伝 費	(43,000)		
支 払 家 賃	(96,000)		
貸 倒 引 当 金 繰 入	(**❸**　1,500)		
減 価 償 却 費	(59,999)		
支 払 利 息	(24,300)		
雑 損	(**❸**　400)		
法人税、住民税及び事業税	(81,000)		
当 期 純 利 益	(**❷**　189,001)		
	(1,139,200)		(1,139,200)

貸 借 対 照 表

○○株式会社　　　　　　×8年（ 3 ）月（ 31 ）日　　　　　　（単位：円）

資　　産	金	額	負債及び純資産	金	額
現　　　　　金		（　845,800）	支　払　手　形		（　　75,000）
受　取　手　形	（　105,000）		買　　掛　　金		（　172,000）
貸倒引当金	（△　2,100）	（　102,900）	借　　入　　金	❸（　445,000）	
売　　掛　　金	（　120,000）		未払法人税等	❸（　51,000）	
貸倒引当金	（△　2,400）❸	（　117,600）	未　払　消　費　税	❸（　42,200）	
商　　　　　品		（　66,000）	未　払　費　用	❸（　8,100）	
前　払　費　用	❸（　48,000）		資　　本　　金		（1,000,000）
未　収　収　益	❸（　2,000）		繰越利益剰余金		（　389,001）
備　　　　　品	（　300,000）				
減価償却累計額	（△ 299,999）❸	（　　　　1）			
土　　　　　地		（1,000,000）			
		（2,182,301）			（2,182,301）

解　説

貸借対照表と損益計算書を作成するために、決算整理を行います。

1．現金過不足の整理

　現金過不足の借方残高22,400円のうち20,000円は広告宣伝費の記帳漏れと判明したため**広告宣伝費（費用）の増加**として、2,000円は**仮払消費税（資産）の増加**として処理します。なお、原因の判明しなかった400円（＝22,400円−20,000円−2,000円）の借方残高（不足額）については、**雑損（費用）の増加**として処理します。

（広 告 宣 伝 費）	20,000	（現 金 過 不 足）	22,400
（仮 払 消 費 税）	2,000		
（雑　　　　　損）	400		

広告宣伝費：23,000円＋20,000円＝43,000円
　　　　　　　決算整理前
　　　　　　　の勘定残高

POINT

●現金過不足のうち、原因の判明したものは該当する勘定科目に振り替え、判明しなかった額は、雑損・雑益として処理します。

2．仕入れ（未処理事項）

（仕 入）	5,000	（買 掛 金）	5,500*²
（仮 払 消 費 税）	500*¹		

* 1　5,000円×10％＝500円
* 2　5,000円＋500円＝5,500円

買掛金：166,500円＋5,500円＝172,000円
　　　　決算整理前
　　　　の勘定残高

3．当座借越の振り替え

　期末における当座預金の貸方残高は、実質的な借入金であるため、適切な勘定に振り替えます。本問では指示により**借入金（負債）**とします。

（当 座 預 金）	40,000	（借 入 金）	40,000

借入金：405,000円＋40,000円＝445,000円
　　　　決算整理前
　　　　の勘定残高

4．貸倒引当金の設定

　受取手形と売掛金の残高に対して貸倒引当金を設定します。

（貸 倒 引 当 金 繰 入）	1,500*	（貸 倒 引 当 金）	1,500

* 　貸倒引当金設定額：105,000円× 2 ％＝　2,100円　（受取手形）
　　　　　　　　　　　120,000円× 2 ％＝　2,400円　（売掛金）
　　貸 倒 引 当 金 残 高：　　　　　　　　　3,000円
　　繰 　 入 　 額：　　　　　　　　　　1,500円

5．売上原価

　期首商品棚卸高を**繰越商品勘定から仕入勘定**に振り替えます。また、期末商品棚卸高を、**仕入勘定から繰越商品勘定**へ振り替えます。

（仕 入）	52,500*¹	（繰 越 商 品）	52,500
（繰 越 商 品）	66,000*²	（仕 入）	66,000

* 1　期首商品棚卸高（決算整理前の勘定残高・繰越商品）
* 2　期末商品棚卸高（決算整理事項 5 ）

売上原価：52,500円＋600,000円＋5,000円－66,000円＝591,500円
　　　　　　　　　　　　　　　　前記 2．

解答・解説

第1回
第2回
第3回
第4回
第5回
第6回
第7回
第8回
第9回

6．消費税の処理

　決算時に、預かった消費税（仮受消費税）から支払った消費税（仮払消費税）を差し引いた額は納税額として、**未払消費税（負債）**で処理します。

（仮 受 消 費 税）	107,000	（仮 払 消 費 税）	64,800*
		（未 払 消 費 税）	42,200

*　<u>62,300円</u>＋<u>2,000円</u>＋<u>500円</u>＝64,800円
　　決算整理前　　前記1.　　前記2.
　　の勘定残高

7．減価償却

　備品について定額法による減価償却を行います。なお、耐用年数到来後も固定資産を使い続ける場合、資産が存在することを示すために、帳簿価額をゼロとはせず、備忘価額として1円だけ帳簿価額が残るように減価償却を行います。

（減 価 償 却 費）	59,999*	（備品減価償却累計額）	59,999

*　300,000円÷5年－<u>1円</u>＝59,999円
　　　　　　　　　備忘価額

減価償却累計額：<u>240,000円</u>＋59,999円＝299,999円
　　　　　　　　決算整理前
　　　　　　　　の勘定残高

解答・解説

第1回
第2回
第3回
第4回
第5回
第6回
第7回
第8回
第9回

8．収益の未収

受け取った手数料のうち未収分2,000円について**受取手数料（収益）**と**未収手数料（資産）**を計上します。

（未 収 手 数 料）	2,000	（受 取 手 数 料）	2,000

受取手数料：<u>67,200円</u>＋2,000円＝69,200円
　　　　　決算整理前
　　　　　の勘定残高

POINT

●未収手数料は、貸借対照表上「未収収益」と表示します。

9．費用の前払い

支払家賃について、支払日から決算日までの8か月分（×7年8月1日から×8年3月31日）は当期の費用として計上しますが、4か月分（×8年4月1日から7月31日）は翌期の費用となるため、**支払家賃（費用）**から差し引くとともに**前払家賃（資産）**として計上します。

（前 払 家 賃）	48,000*	（支 払 家 賃）	48,000

$$* \quad 144{,}000円 \times \frac{4か月}{12か月} = 48{,}000円$$

	家賃の 支払日		期末 （決算日）		
4／1	8／1		3／31		7／31

当　期 ｜ 次　期

当期分：8か月分　｜　次期分：4か月分

↓
支払家賃（費用）を減らす

支払家賃：<u>144,000円</u>－48,000円＝96,000円
　　　　決算整理前
　　　　の勘定残高

POINT

●前払家賃は、貸借対照表上「前払費用」と表示します。

10. 費用の未払い

　借入金の利息について、利払日（x7年11月30日）の翌日から決算日までの4か月分の利息が未払いになっています。そこで、4か月分の**支払利息（費用）**と**未払利息（負債）**を計上します。

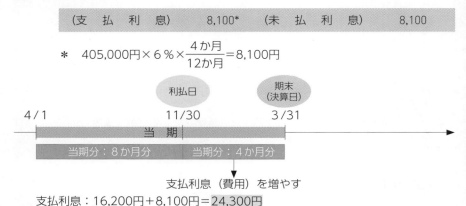

| （支　払　利　息） | 8,100* | （未　払　利　息） | 8,100 |

$$* \quad 405{,}000円 \times 6\% \times \frac{4か月}{12か月} = 8{,}100円$$

支払利息：16,200円＋8,100円＝24,300円
　　　　　決算整理前
　　　　　の勘定残高

POINT

●未払利息は、貸借対照表上「未払費用」と表示します。

11. 法人税、住民税及び事業税

　当期の法人税、住民税及び事業税の金額が決定したら、借方に**法人税、住民税及び事業税**として計上します。そして、仮払法人税等（資産）との差額を**未払法人税等（負債）**として計上します。

| （法人税、住民税及び事業税） | 81,000 | （仮　払　法　人　税　等） | 30,000 |
| | | （未　払　法　人　税　等） | 51,000* |

$$* \quad 81{,}000円 - 30{,}000円 = 51{,}000円$$

12. 当期純利益の計算

　損益計算書の収益合計と費用合計及び法人税等との差額により、当期純利益を計算します。さらに、当期純利益を繰越利益剰余金へ振り替えて、貸借対照表の貸借が一致することを確認します。

　　当期純利益：$\underset{\text{収益合計}}{1,139,200\text{円}}-\underset{\text{費用合計}}{869,199\text{円}}-\underset{\text{法人税等}}{81,000\text{円}}=\underset{\text{当期純利益}}{189,001\text{円}}$

　　繰越利益剰余金：$\underset{\substack{\text{決算整理前}\\\text{の勘定残高}}}{200,000\text{円}}+\underset{\text{当期純利益}}{189,001\text{円}}=389,001\text{円}$

LECTURE **財務諸表**

1. 損益計算書：一会計期間の収益と費用から当期純利益（または当期純損失）を計算した表で、経営成績を表す。
2. 貸借対照表：貸借対照表日（決算日）における資産・負債・資本（純資産）の内容と金額をまとめた表で、財政状態を表す。

解き方

第2問に経過勘定に関する勘定記入が出題されています。内容自体は難しくはありませんが、解きなれていないと時間がかかってしまう可能性があります。そのため、第1問、第3問、第2問の順で解答するのがよいでしょう。

第1問のポイント 難易度 A 配点 45点 目標点 36点

基本的な仕訳問題です。6問目の現金過不足と10問目の改良と修繕の処理を難しく感じる人もいるかもしれませんが、問題文を落ち着いて読めば解けるはずです。基本的な問題が多いので必ず解けるようにしましょう。

解答

仕訳一組につき3点

(注) 実際の本試験では記号のみを解答してください。

	借 方		貸 方	
	記 号	金 額	記 号	金 額
1	(エ) 当 座 預 金	180,000	(ウ) 償却債権取立益	180,000
2	(カ) 貯 蔵 品	18,000	(ア) 通 信 費	15,000
			(イ) 租 税 公 課	3,000
3	(イ) 当 座 預 金	45,000	(ウ) 仮 受 金	45,000
4	(オ) 売 掛 金	220,000	(エ) 売 上	200,000
			(ア) 仮 受 消 費 税	20,000
5	(ア) 租 税 公 課	480,000	(ウ) 普 通 預 金	480,000
6	(イ) 通 信 費	248,000	(エ) 現 金 過 不 足	108,000
	(ウ) 雑 損	118,000	(オ) 保 険 料	258,000
7	(オ) 法人税、住民税及び事業税	666,000	(イ) 仮 払 法 人 税 等	303,000
			(エ) 未 払 法 人 税 等	363,000
8	(オ) 備 品	400,000	(イ) 仮 払 金	400,000
9	(エ) 支 払 利 息	16,000	(ア) 借 入 金	2,000,000
	(カ) 当 座 預 金	1,984,000		
10	(カ) 建 物	350,000	(オ) 当 座 預 金	450,000
	(ウ) 修 繕 費	100,000		

11	（カ）現　　　　金	150,000	（ウ）売　掛　金	630,000
	（オ）貸 倒 引 当 金	480,000		
12	（カ）現　　　　金	40,000	（ウ）前　受　金	40,000
13	（オ）普 通 預 金	300,000	（ア）電子記録債権	300,000
14	（イ）普 通 預 金	260,000	（カ）差 入 保 証 金	260,000
15	（エ）未 払 消 費 税	450,000	（ウ）普 通 預 金	450,000

解　説

1．貸倒れ処理した売掛金の回収

前期以前に貸倒れ処理した債権を回収した場合、**償却債権取立益勘定（収益）の増加**として処理します。なお、現金で回収し、ただちに当座預金としたとあるので、**当座預金勘定（資産）の増加**として処理します。

POINT

●前期以前に貸倒れたさいにすでに売掛金を減少させているため、当期に回収したときは収益の勘定科目で処理します。

2．貯蔵品

決算において未使用の郵便切手は**通信費勘定（費用）**から**貯蔵品勘定（資産）**に振り替えます。また、未使用の収入印紙は**租税公課勘定（費用）**から**貯蔵品勘定（資産）**に振り替えます。

3．仮受金の入金

内容不明の入金があったときには、**仮受金勘定（負債）**の貸方に記入します。

なお、入金の内容が判明したときは、**仮受金勘定（負債）**から判明した勘定科目に振り替えます。

4．売上（消費税、税抜処理）

商品を売り上げたときには、**売上勘定（収益）**として処理します。また、商品を売り上げたときに生じる消費税は、**仮受消費税勘定（負債）**として処理します。

●売上のさいに生じた消費税は仮受消費税勘定、仕入のさいに生じた消費税は仮払消費税勘定で処理します。また、決算整理仕訳において、仮受消費税勘定と仮払消費税勘定の差額を、未払消費税勘定として処理します。

5. 固定資産税の納付

固定資産税を納付したときには、**租税公課勘定（費用）**で処理します。なお、納付書を受け取ってただちに普通預金口座から支払っているため、普通預金勘定の貸方に記入します。

6. 現金過不足の原因判明

現金過不足の原因について判明した処理を仕訳します。

(1) 通信費の未処理

通信費の記入漏れが判明したため、現金過不足勘定を**通信費勘定（費用）**に振り替えます。

（通　信　費）	248,000	（現 金 過 不 足）	248,000

(2) 保険料の誤記入

保険料の誤記入が判明したため、正しい金額となるように**保険料勘定（費用）**を調整します。相手勘定は現金過不足勘定として処理します。

（現 金 過 不 足）	258,000	（保　険　料）	258,000*1

＊1　708,000円－450,000円＝258,000円（保険料の減少）
　　　誤記入　　　本来の金額

(3) 原因不明の処理

(1)(2)で判明した現金過不足の残高を**雑損勘定**（もしくは**雑益勘定**）に振り替えます。

（雑　　　　損）	118,000*2	（現 金 過 不 足）	118,000

＊2　108,000円－248,000円＋258,000円＝118,000円（借方残高）
　　　調査前　　　通信費　　　　保険料

7. 法人税等（決算整理仕訳）

決算で算定された税額についてはまとめて**法人税、住民税及び事業税勘定（または、法人税等勘定）の増加**として処理するとともに、後に支払う義務として**未払法人税等勘定（負債）**で処理します。ただし、期中に中間納付を行っている場合は、**仮払法人税等**

解答・解説

第1回
第2回
第3回
第4回
第5回
第6回
第7回
第8回
第9回

勘定（資産）の減少として処理するとともに、その支払済みの金額を差し引いて未払法人税等勘定を計上します。

8．仮払金の処理

　備品の購入額を支払ったときに、**仮払金勘定（資産）**の借方に記入しているため、内容が判明し、仮払金を精算するさいには**仮払金勘定（資産）**の貸方に記入します。なお、備品を購入したさいには、**備品勘定（資産）**の借方に記入します。

9．借入金（支払利息）

　金銭の借り入れを行ったときには、**借入金勘定（負債）**の貸方に記入します。借入時に差し引かれた利息については、**支払利息勘定（費用）**の借方に記入します。

（支 払 利 息）	16,000*1	（借 入 金）	2,000,000
（当 座 預 金）	1,984,000*2		

* 1　2,000,000円×4％×73日÷365日＝16,000円
* 2　貸借差額

10．改良と修繕

　免震工事のように固定資産の価値を高めたり、耐用年数が延長するような支出は改良として**建物勘定（資産）**を増加させます。また、破損した窓の修理費は**修繕費勘定（費用）**として処理します。

11．貸倒れ

（1）売掛金の回収

　売掛金を現金で回収したときは、**売掛金勘定（資産）**を**現金勘定（資産）**に振り替えます。

（現 金）	150,000	（売 掛 金）	150,000

（2）売掛金の貸倒れ

　前期以前に発生した売掛金が貸し倒れたときは、**貸倒引当金勘定**を取り崩します。

（貸 倒 引 当 金）	480,000	（売 掛 金）	480,000*

* 　630,000円－150,000円＝480,000円

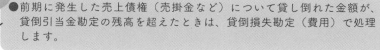

LECTURE

●前期に発生した売上債権（売掛金など）について貸し倒れた金額が、貸倒引当金勘定の残高を超えたときは、貸倒損失勘定（費用）で処理します。

12. 手付金の受け取り

　商品の販売にあたり、手付金を受け取ったときには、**前受金勘定（負債）**として処理します。なお、受け取った先方振出の小切手は**現金勘定（資産）**として処理します。

13. 電子記録債権の決済

　電子記録債権が決済されたときは、**電子記録債権勘定（資産）**を減少させるため貸方に記入します。なお、普通預金口座に振り込まれたため、**普通預金勘定（資産）**を増加させます。

14. 差入保証金の返却

　契約時に支払っていた敷金が、解約時に返却されたときは、**差入保証金勘定（資産）**を減少させます。

15. 証ひょう（消費税の支払い）

　確定申告により消費税を納付したときには、決算時に計上した**未払消費税勘定（負債）**を取り崩します。また、普通預金口座から振り込んでいるため、**普通預金勘定（資産）**を減少させます。

解答・解説

第1回
第2回
第3回
第4回
第5回
第6回
第7回
第8回
第9回

第2問のポイント 難易度 **A** 配点 **20**点 目標点 **16**点

(1) 経過勘定（未払利息）の勘定記入
支払利息の経過勘定に関する勘定記入です。前期の借入れと当期の借入れで元本の金額や利率が異なることに注意しましょう。

(2) 用語の穴埋め問題
語群が与えられているため、わからなくても何かしらの解答を記入しましょう。空欄は絶対にダメです。また、本問は用語ではなく記号を答案用紙に記入する点に注意しましょう。問題文を注意深く読み込むクセをつけてください。

解答

(1) ●数字につき配点

支払利息

×2年7/31	（ア）	（ 240,000）	×2年4/1	（エ）	（ 160,000）
×3年3/31 ❹（エ）		（ 120,000）	×3年3/31 ❹（コ）		（ 200,000）
		（ 360,000）			（ 360,000）

（カ）利息

×2年4/1 ❹（イ）	（ 160,000）	×2年4/1	前期繰越	（ 160,000）
×3年3/31	次期繰越	（ 120,000）	×3年3/31	（イ）	（ 120,000）
		（ 280,000）			（ 280,000）
			×3年4/1	前期繰越	（ 120,000）

(2) 各2点

①	②	③	④
コ	キ	ク	ケ

解説

(1)

1．×1年8月1日：借入時の仕訳（前期）

（現 金）	8,000,000	（借 入 金）	8,000,000

銀行より借り入れた場合、借入金勘定（負債）の貸方に記入します。

2．×2年3月31日：前期の決算整理仕訳（未払処理）

（支 払 利 息）	160,000	（未 払 利 息）	160,000*

$$* \quad 8,000,000円 \times 3\% \times \frac{8か月}{12か月} = 160,000円$$

（×1年8月1日～×2年3月31日までの利息）

3．×2年4月1日：期首再振替仕訳

（未 払 利 息）	160,000	（支 払 利 息）	160,000

前期に属する未払利息160,000円を支払利息勘定から減らす（費用の減少）、再振替仕訳を行います。再振替仕訳とは、前期末の決算整理仕訳で経過勘定項目（前払、未払、未収、前受）などを計上したとき、翌期首に決算整理仕訳の貸借逆仕訳を行う処理です。

4．×2年7月31日：元本返済と利息支払いの仕訳

（借 入 金）	8,000,000	（現 金）	8,240,000
（支 払 利 息）	240,000*		

$* \quad 8,000,000円 \times 3\% = 240,000円$ （1年分の支払利息）

5．×2年8月1日：借入時の仕訳（当期）

（現 金）	9,000,000	（借 入 金）	9,000,000

解答・解説

第1回
第2回
第3回
第4回
第5回
第6回
第7回
第8回
第9回

6．×3年3月31日：決算整理仕訳（未払処理）

（支　払　利　息）	120,000	（未　払　利　息）	120,000*

$$* \quad 9,000,000円 \times 2\% \times \frac{8か月}{12か月} = 120,000円$$

（×2年8月1日〜×3年3月31日までの利息）

　支払利息勘定の決算整理前残高は、前記 **3．** および **4．** の処理により、×2年4月1日から×2年7月31日までの4か月分となります。よって、当期に借り入れた9,000,000円に対する、×2年8月1日から×3年3月31日までの8か月分の利息120,000円を当期の費用とする仕訳を行います。

7．×3年3月31日：決算振替仕訳

（損　　　　　益）	200,000	（支　払　利　息）	200,000*

$$* \quad 240,000円 - 160,000円 + 120,000円 = 200,000円$$

　決算整理後の費用および収益の各勘定残高は、損益勘定へ振り替えます。よって、支払利息勘定（費用）の残高200,000円（＝ **4．** 240,000円 － **3．** 160,000円 ＋ **6．** 120,000円）を損益勘定の借方へ振り替える仕訳を行います。

POINT

●勘定記入の問題において、費用・収益の各勘定は決算振替で損益勘定に振替を行います。忘れやすいので注意しましょう。

8．勘定記入

　勘定記入を完成させると、次のようになります。

支　払　利　息

×2年7/31	現　　金	（ 240,000)	×2年4/1	未 払 利 息	（ 160,000)
×3年3/31	未 払 利 息	（ 120,000)	×3年3/31	損　　益	（ 200,000)
		（ 360,000)			（ 360,000)

（未　払）利　息

×2年4/1	支 払 利 息	（ 160,000)	×2年4/1	前 期 繰 越	（ 160,000)
×3年3/31	次 期 繰 越	（ 120,000)	×3年3/31	支 払 利 息	（ 120,000)
		（ 280,000)			（ 280,000)
			×3年4/1	前 期 繰 越	（ 120,000)

(2)

1．簿記では、他人振出の小切手、普通為替証書および送金小切手などの（**コ．通貨代用証券**）を現金と同様に扱い、他社に対する支払等に利用します。

2．備品、建物などの固定資産を購入したさいには、本体の代金（購入代価）に購入手数料や、使用の準備にかかる支払いなどの付随費用を含めた（**キ．取得原価**）で、固定資産勘定の借方に記入します。

3．株式会社は、資金を提供して出資者としての株式の交付を受ける人を「株主」、「株主総会」の決議によって選任され、会社組織の経営管理を担う人を「取締役」とよび、両者を明確に区別しています（**ク．所有と経営の分離**）。取締役が行う日常の経営管理は限定されており、会社組織にかかわる重要な事項は、会社の最高意思決定機関である「**ケ．株主総会**」の決議を必要とします。

第3問のポイント　難易度 **A**　配点 **35点**　目標点 **27点**

精算表を作成する問題です。経過勘定に関する処理が多く、苦手としている人は難しく感じるかもしれません。しかし、全体的に基本的な問題となっているため高得点をねらいましょう。

解 答

●数字につき配点

問1

精算表

勘定科目	試算表 借方	試算表 貸方	修正記入 借方	修正記入 貸方	損益計算書 借方	損益計算書 貸方	貸借対照表 借方	貸借対照表 貸方
現　　　　金	27,000		3,000				30,000	
当 座 預 金	391,000		64,000				455,000 ❷	
受 取 手 形	400,000						400,000	
売 　掛 　金	564,000			64,000			500,000	
仮 　払 　金	5,000			5,000				
仮 払 消 費 税	282,000			282,000				
繰 越 商 品	123,000		132,000	123,000			132,000	
未 収 入 金	353,000		380,000				733,000	
土　　　　地	350,000			350,000				
建　　　　物	1,800,000						1,800,000	
支 払 手 形		275,000						275,000
買 　掛 　金		207,000						207,000
社会保険料預り金		2,500	2,500					
借 　入 　金		450,000						450,000
未 　払 　金		170,000						170,000
仮 受 消 費 税		409,000	409,000					
貸 倒 引 当 金		25,000		11,000				36,000 ❸
建物減価償却累計額		144,000		72,000				216,000 ❸
資 　本 　金		1,000,000						1,000,000
繰越利益剰余金		514,500						514,500
売　　　　上		4,090,000				4,090,000		
受 取 手 数 料		60,000				60,000		
受 取 家 賃		600,000	200,000			400,000 ❸		
仕 　　　入	2,820,000		123,000	132,000	2,811,000 ❸			
給 　　　料	546,500				546,500			
法 定 福 利 費	27,500		2,500		30,000 ❸			
支 払 地 代	240,000				240,000			
雑 　　　費	13,500				13,500			
支 払 利 息	4,500		3,000		7,500 ❸			
	7,947,000	7,947,000						
固定資産売却（益）				30,000		30,000 ❸		
雑 （ 益 ）				3,000		3,000 ❸		
貸倒引当金繰入			11,000		11,000			
減 価 償 却 費			72,000		72,000			
（未 払）利 息				3,000				3,000
（前 受）家 賃				200,000				200,000
未 払 消 費 税				127,000				127,000 ❸
当期純（利　益）					851,500			851,500 ❸
			1,402,000	1,402,000	4,583,000	4,583,000	4,050,000	4,050,000

別　解 　雑（益）は雑（収入）でもよい。

問2

| 決算整理後の建物の帳簿価額 | ❸ 1,584,000 | 円 |

解　説 ▷

問1　精算表の作成

本問における未処理事項および決算整理事項の仕訳は次のとおりです。

1．土地の売却（未処理事項）

土地を売却したときは、売却価額から帳簿価額を差し引いて、固定資産売却損益を算定します。

| （未 収 入 金） | 380,000 | （土　　　　　地） | 350,000 |
| | | （固定資産売却益） | 30,000 |

2．売掛金の当座回収（未処理事項）

| （当 座 預 金） | 64,000 | （売 　 掛 　 金） | 64,000 |

3．社会保険料の納付（仮払金の精算）

納付した社会保険料のうち、従業員負担分は給料支給時にあらかじめ計上していた**社会保険料預り金（負債）**を取り崩し、会社負担分は**法定福利費（費用）**として計上します。

| （社会保険料預り金） | 2,500 | （仮 　 払 　 金） | 5,000 |
| （法 定 福 利 費） | 2,500 | | |

4．現金過不足の整理

決算時の原因不明の超過額のため**雑益**（または**雑収入**）とします。

| （現 　 　 　 金） | 3,000* | （雑 　 　 　 益） | 3,000 |

*　<u>30,000円</u>－<u>27,000円</u>＝3,000円（超過額）
　　実際手許有高　　帳簿残高

LECTURE

- 現金過不足のうち、原因の判明したものは該当する勘定科目に振り替え、判明しなかった額は、雑損・雑益として処理します。
- 決算日に現金の過不足を整理する場合、「現金過不足」勘定を使用せず、「現金」勘定から直接適切な勘定に振り替えます。

5．貸倒引当金の設定

受取手形と売掛金の残高に対して貸倒引当金を設定します。なお、未処理事項による売掛金の減少分も反映させます。

（貸 倒 引 当 金 繰 入）	11,000*	（貸 倒 引 当 金）	11,000

* 貸倒引当金設定額：(400,000円+564,000円−64,000円)×4％＝36,000円
　　　　　　　　　　　　受取手形　　　売掛金　　2．未処理

貸倒引当金残高：　　　　　　　　　　　　　25,000円
繰　　入　　額：　　　　　　　　　　　　　11,000円

6．売上原価の算定

期首商品棚卸高を**繰越商品勘定から仕入勘定**に振り替えます。また、期末商品棚卸高を、**仕入勘定から繰越商品勘定**へ振り替えます。

精　　算　　表

勘定科目	試　算　表 借　方	貸　方	修　正　記　入 借　方	貸　方	損　益　計　算　書 借　方	貸　方	貸　借　対　照　表 借　方	貸　方
繰　越　商　品	123,000		132,000	123,000			132,000	
仕　　　　　入	2,820,000		123,000	132,000	2,811,000			

（仕　　　　　　　　入）	123,000	（繰　越　商　品）	123,000
（繰　越　商　品）	132,000	（仕　　　　　　　　入）	132,000

7．建物（固定資産）の定額法による減価償却

減価償却累計額勘定があることから間接法で記帳していることがわかります。

（減 価 償 却 費）	72,000*	（建物減価償却累計額）	72,000

* 1,800,000円÷25年＝72,000円
　　建物　　　耐用年数

8．支払利息の未払い

借入金の利息の支払日は5月末と11月末なので、決算日においてX1年12月1日からX2年3月31日までの4か月分の利息が未払いになっています。そこで、4か月分の**支払利息（費用）**と**未払利息（負債）**を計上します。

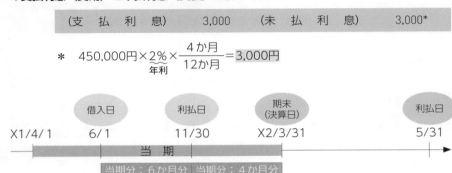

（支　払　利　息）　3,000　（未　払　利　息）　3,000*

$$* \quad 450,000円 \times \underset{年利}{2\%} \times \frac{4か月}{12か月} = \boxed{3,000円}$$

支払利息（費用）を増やす

9．受取家賃の前受け

試算表欄に計上されている12か月の受取家賃のうち、4か月分について、前受分として**受取家賃（収益）**から差し引くとともに**前受家賃（負債）**として計上します。

（受　取　家　賃）　200,000　（前　受　家　賃）　200,000*

$$* \quad 600,000円 \times \frac{4か月}{12か月} = \boxed{200,000円}$$

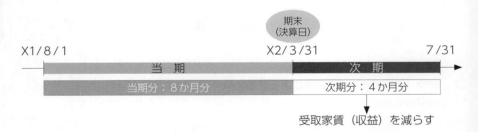

受取家賃（収益）を減らす

10. 消費税の処理

　決算時に、預かった消費税（仮受消費税）から支払った消費税（仮払消費税）を差し引いた差額は納税額として、**未払消費税（負債）** で処理します。

（仮 受 消 費 税）	409,000	（仮 払 消 費 税）	282,000
		（未 払 消 費 税）	127,000

　未払消費税：127,000円

11. 当期純利益の計算

　損益計算書欄の貸方（収益）合計と借方（費用）合計との差額から、当期純利益を算定します。当期純利益は貸借対照表欄へ移記して、貸借が一致することを確認しましょう。

　当期純利益：4,583,000円 － 3,731,500円 ＝ 851,500円
　　　　　　　　収益合計　　　費用合計

問2　決算整理後の建物の帳簿価額

　建物の帳簿価額は、取得原価から決算整理後の減価償却累計額を差し引いた金額となります。

　1,800,000円 － 216,000円 ＝ 1,584,000円
　　取得原価　　決算整理後の
　　　　　　　　減価償却累計額

解答・解説

第1回
第2回
第3回
第4回
第5回
第6回
第7回
第8回
第9回

スッキリシリーズ

2024年度版
スッキリうかる　日商簿記3級　本試験予想問題集

2024年 3 月13日　　初 版　第 1 刷発行
2024年 7 月10日　　　　　　第 2 刷発行

監　　　修	滝　澤　な な み	
編 著 者	TAC出版　開発グループ	
発 行 者	多　田　敏　男	
発 行 所	TAC株式会社　出版事業部	
	（TAC出版）	

〒 101-8383
東京都千代田区神田三崎町3-2-18
電 話 03（5276）9492（営業）
FAX 03（5276）9674
https://shuppan.tac-school.co.jp

装　　　丁	株式会社 シ ン ク ロ	
イ ラ ス ト	佐　藤　雅　則	
組　　　版	株式会社 グ ラ フ ト	
印　　　刷	株式会社 ワ コ ー	
製　　　本	東 京 美 術 紙 工 協 業 組 合	

© TAC 2024　　　Printed in Japan　　　ISBN 978-4-300-11004-1
N.D.C. 336

簿記検定講座のご案内

選べる学習メディアでご自身に合うスタイルでご受講ください

通学講座

3級コース 3・2級コース 2級コース 1級コース 1級上級コース

教室講座
通って学ぶ

定期的な日程で通学する学習スタイル。常に講師と接することができるという教室講座の最大のメリットがありますので、疑問点はその日のうちに解決できます。また、勉強仲間との情報交換も積極的に行えるのが特徴です。

ビデオブース講座
通って学ぶ
予約制

ご自身のスケジュールに合わせて、TACのビデオブースで学習するスタイル。日程を自由に設定できるため、忙しい社会人に人気の講座です。

直前期教室出席制度
直前期以降、教室受講に振り替えることができます。

無料体験入学	ご自身の目で、耳で体験し納得してご入学いただくために、無料体験入学をご用意しました。
無料講座説明会	もっとTACのことを知りたいという方は、無料講座説明会にご参加ください。

無料
予約不要※

※ビデオブース講座の無料体験入学は要予約。
無料講座説明会は一部校舎では要予約。

通信講座

3級コース 3・2級コース 2級コース 1級コース 1級上級コース

Web通信講座
スマホやタブレットにも対応
見て学ぶ

教室講座の生講義をブロードバンドを利用し動画で配信します。ご自身のペースに合わせて、24時間いつでも何度でも繰り返し受講することができます。また、講義動画はダウンロードして2週間視聴可能です。有効期間内は何度でもダウンロード可能です。
※Web通信講座の配信期間は、お申込コースの目標月の翌月末までです。

TAC WEB SCHOOL ホームページ
URL https://portal.tac-school.co.jp/
※お申込み前に、左記のサイトにて必ず動作環境をご確認ください。

DVD通信講座
見て学ぶ

講義を収録したデジタル映像をご自宅にお届けします。講義の臨場感をクリアな画像でご自宅にて再現することができます。

※DVD-Rメディア対応のDVDプレーヤーでのみ受講が可能です。
パソコンやゲーム機での動作保証はいたしておりません。

Webでも無料配信中！
スマホタブレット パソコン
「TAC動画チャンネル」

資料通信講座 （1級のみ）
テキスト・添削問題を中心として学習します。

● 講座説明会 ※収録内容の変更のため、配信されない期間が生じる場合がございます。
● 1回目の講義（前半分）が視聴できます

詳しくは、TACホームページ「TAC動画チャンネル」をクリック！

TAC 動画チャンネル 簿記	検索

コースの詳細は、簿記検定講座パンフレット・TACホームページをご覧ください。

パンフレットのご請求・お問い合わせは、TACカスタマーセンターまで

通話無料 **0120-509-117**
ゴウカク イイナ

受付時間	月〜金 9:30〜19:00 土・日・祝 9:30〜18:00

※携帯電話からもご利用になれます。

TAC簿記検定講座ホームページ

TAC 簿記	検索

簿記検定講座

お手持ちの教材がそのまま使用可能!

【テキストなしコース】のご案内

TAC簿記検定講座のカリキュラムは市販の教材を使用しておりますので、こちらのテキストを使ってそのまま受講することができます。独学では分かりにくかった論点や本試験対策も、TAC講師の詳しい解説で理解度も120％UP！ 本試験合格に必要なアウトプット力が身につきます。独学との差を体感してください。

左記の各メディアが【テキストなしコース】でお得に受講可能!

こんな人にオススメ!

- ●テキストにした書き込みをそのまま活かしたい!
- ●これ以上テキストを増やしたくない!
- ●とにかく受講料を安く抑えたい!

※お申込前に必ずお手持ちのバージョンをご確認ください。場合によっては最新のものに買い直していただくことがございます。詳細はお問い合わせください。

お手持ちの教材をフル活用!!

合格テキスト

合格トレーニング

会計業界への
就職・転職支援サービス

TPB

TACの100%出資子会社であるTACプロフェッションバンク（TPB）は、会計・税務分野に特化した転職エージェントです。
身につけられた知識とご希望に合ったお仕事を一緒に探しませんか? 相談だけでも大歓迎です! どうぞお気軽にご利用ください。

人材コンサルタントが無料でサポート

Step1 相談受付
完全予約制です。
HPからご登録いただくか、
各オフィスまでお電話ください。

Step2 面談
ご経験やご希望をお聞かせください。
あなたの将来について一緒に考えましょう。

Step3 情報提供
ご希望に適うお仕事があれば、その場でご紹介します。強制はいたしませんのでご安心ください。

正社員で働く

- ●安定した収入を得たい
- ●キャリアプランについて相談したい
- ●面接日程や入社時期などの調整をしてほしい
- ●今就職すべきか、勉強を優先すべきか迷っている
- ●職場の雰囲気など、
  求人票でわからない情報がほしい

キャリアUP　資格有

TACキャリアエージェント

https://tacnavi.com/

派遣で働く

- ●勉強を優先して働きたい
- ●将来のために実務経験を積んでおきたい
- ●まずは色々な職場や職種を経験したい
- ●家庭との両立を第一に考えたい
- ●就業環境を確認してから正社員で働きたい

子育て中　勉強中

TACの経理・会計派遣

https://tacnavi.com/haken/

※ご経験やご希望内容によってはご支援が難しい場合がございます。予めご了承ください。　※面談時間は原則お一人様30分とさせていただきます。

自分のペースでじっくりチョイス

アルバイトで働く

- ●自分の好きなタイミングで
  就職活動をしたい
- ●どんな求人案件があるのか見たい
- ●企業からのスカウトを待ちたい
- ●WEB上で応募管理をしたい

Webで

TACキャリアナビ

https://tacnavi.com/kyujin/

就職・転職・派遣就労の強制は一切いたしません。会計業界への就職・転職を希望される方への無料支援サービスです。どうぞお気軽にお問い合わせください。

TACプロフェッションバンク

■ 有料職業紹介事業 許可番号13-ユ-010678
■ 一般労働者派遣事業 許可番号（派）13-010932
■ 特定募集情報等提供事業 届出受理番号51-募-000541

東京オフィス	大阪オフィス	名古屋 登録会場
〒---0051 東京都千代田区神田神保町 1-103 東京パークタワー 2F TEL.03-3518-6775	〒530-0013 大阪府大阪市北区茶屋町 6-20 吉田茶屋町ビル 5F TEL.06-6371-5851	〒453-0014 愛知県名古屋市中村区則武 1-1-7 NEWNO 名古屋駅西 8F TEL.0120-757-655

10860572

日商簿記検定試験対策書籍のご案内

TAC出版の日商簿記検定試験対策書籍は、学習の各段階に対応していますので、あなたの学習
ステップに応じて、合格に向けてご活用ください!

3タイプのインプット教材

①

> 簿記を専門的な知識に
> していきたい方向け

● 満点合格を目指し
　次の級への土台を築く

「合格テキスト」📱
「合格トレーニング」💻

- 大判のB5判、3級〜1級累計300万部超の、信頼の定番テキスト&トレーニング! TACの教室でも使用している公式テキストです。3級のみオールカラー。
- 出題論点はすべて網羅しているので、簿記をきちんと学んでいきたい方にぴったりです。
- ◆3級　□2級 商簿、2級 工簿　■1級 商・会 各3点、1級 工・原 各3点

②

> スタンダードにメリハリ
> つけて学びたい方向け

● 教室講義のような
　わかりやすさでしっかり学べる

「簿記の教科書」💻📱
「簿記の問題集」💻📱

滝澤 ななみ 著

- A5判、4色オールカラーのテキスト（2級・3級のみ）&模擬試験つき問題集!
- 豊富な図解と実例つきのわかりやすい説明で、もうモヤモヤしない!!
- ◆3級　□2級 商簿、2級 工簿　■1級 商・会 各3点、1級 工・原 各3点

③

> 気軽に始めて、早く全体像を
> つかみたい方向け

● 初学者でも楽しく続けられる!

「スッキリわかる」💻📱
【テキスト／問題集一体型】
滝澤 ななみ 著（1級は商・会のみ）

- 小型のA5判（4色オールカラー）によるテキスト／問題集一体型。これ一冊でOKの、圧倒的に人気の教材です。
- 豊富なイラストとわかりやすいレイアウト! かわいいキャラの「ゴエモン」と一緒に楽しく学べます。
- ◆3級　□2級 商簿、2級 工簿
- ■1級 商・会 4点、1級 工・原 4点

「スッキリうかる本試験予想問題集」
滝澤 ななみ 監修　TAC出版開発グループ 編著

- 本試験タイプの予想問題9回分を掲載
- ◆3級　□2級

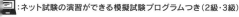

書籍の正誤に関するご確認とお問合せについて

書籍の記載内容に誤りではないかと思われる箇所がございましたら、以下の手順にてご確認とお問合せを
してくださいますよう、お願い申し上げます。

なお、正誤のお問合せ以外の書籍内容に関する解説および受験指導などは、一切行っておりません。
そのようなお問合せにつきましては、お答えいたしかねますので、あらかじめご了承ください。

1 「Cyber Book Store」にて正誤表を確認する

TAC出版書籍販売サイト「Cyber Book Store」の
トップページ内「正誤表」コーナーにて、正誤表をご確認ください。

CYBER TAC出版書籍販売サイト
BOOK STORE

URL：https://bookstore.tac-school.co.jp/

2 ①の正誤表がない、あるいは正誤表に該当箇所の記載がない ⇒ 下記①、②のどちらかの方法で文書にて問合せをする

★ご注意ください★

お電話でのお問合せは、お受けいたしません。

①、②のどちらの方法でも、お問合せの際には、「お名前」とともに、

「対象の書籍名（○級・第○回対策も含む）およびその版数（第○版・○○年度版など）」
「お問合せ該当箇所の頁数と行数」
「誤りと思われる記載」
「正しいとお考えになる記載とその根拠」

を明記してください。

なお、回答までに1週間前後を要する場合もございます。あらかじめご了承ください。

① ウェブページ「Cyber Book Store」内の「お問合せフォーム」より問合せをする

【お問合せフォームアドレス】

https://bookstore.tac-school.co.jp/inquiry/

② メールにより問合せをする

【メール宛先　TAC出版】

syuppan-h@tac-school.co.jp

※土日祝日はお問合せ対応をおこなっておりません。
※正誤のお問合せ対応は、該当書籍の改訂版刊行月末日までといたします。

乱丁・落丁による交換は、該当書籍の改訂版刊行月末日までといたします。なお、書籍の在庫状況等
により、お受けできない場合もございます。

また、各種本試験の実施の延期、中止を理由とした本書の返品はお受けいたしません。返金もいたし
かねますので、あらかじめご了承くださいますようお願い申し上げます。

(2022年7月現在)

スッキリうかる本試験予想問題集
日商簿記３級

別冊 ▶ # 問題用紙

スッキリうかる本試験予想問題集 日商簿記３級

別冊

問題用紙

第1問
45点

　　　下記の各取引について仕訳しなさい。ただし、勘定科目は、設問ごとに最も適当と思われるものを選び、答案用紙の（　　）の中に記号で解答すること。

1．新田株式会社に￥600,000を貸し付け、同額の約束手形を受け取り、利息￥6,000を差し引いた額を当社の普通預金口座から新田株式会社の普通預金口座に振り込んだ。
　　ア．当座預金　イ．定期預金　ウ．普通預金　エ．手形貸付金　オ．貸付金　カ．受取利息

2．青森株式会社へ商品￥490,000（送料込み）で販売し、代金は掛けとした。なお、商品の送料￥10,000（費用処理する）は後日支払うこととした。
　　ア．売掛金　イ．売上　ウ．未収入金　エ．発送費　オ．未払金　カ．買掛金

3．得意先大阪株式会社の倒産により、同社に対する売掛金（前期販売分）￥130,000が貸倒れとなった。なお、貸倒引当金の残高は￥50,000である。
　　ア．貸倒損失　イ．前払金　ウ．貸倒引当金　エ．償却債権取立益　オ．売掛金
　　カ．貸倒引当金繰入

4．広告宣伝費￥35,000を普通預金口座から支払った。また、振込手数料として￥300が同口座から引き落とされた。
　　ア．現金　イ．支払利息　ウ．普通預金　エ．前払金　オ．支払手数料　カ．広告宣伝費

5．不用になった備品（取得原価￥700,000、減価償却累計額￥560,000、間接法で記帳）を期首に￥20,000で売却し、代金は月末に受け取ることとした。
　　ア．備品　イ．備品減価償却累計額　ウ．減価償却費　エ．未収入金　オ．固定資産売却益
　　カ．固定資産売却損

6．土地550㎡を、1㎡あたり￥35,000で購入した。この土地の購入手数料￥400,000は現金で仲介業者に支払い、土地の代金は後日支払うこととした。
　　ア．土地　イ．支払手数料　ウ．現金　エ．未払金　オ．買掛金　カ．減価償却費

7．群馬株式会社は設立にあたり1株＠￥2,000で40株の株式を発行し、￥80,000の払込みを受けた。払込金額は普通預金口座へ払い込まれた。
　　ア．利益準備金　イ．普通預金　ウ．当座預金　エ．資本金　オ．現金　カ．繰越利益剰余金

8．一昨年度に購入した備品（パソコン）が故障したため、その修理費用（収益的支出）として￥20,000を現金で支払った。
　　ア．現金　イ．備品　ウ．修繕費　エ．減価償却費　オ．当座預金　カ．支払手数料

9．従業員の生命保険料として現金￥20,000を立替払いした。
　　ア．当座預金　イ．現金　ウ．立替金　エ．従業員預り金　オ．法定福利費　カ．従業員立替金

10．福井株式会社より商品の注文を受け、手付金として￥80,000を先方振出の小切手で受け取った。
　　ア．未収入金　イ．前払金　ウ．現金　エ．当座預金　オ．仮受金　カ．前受金

11．青森株式会社に￥1,000,000を貸付け、借用証書を受け取り、利息￥20,000を差し引いた残額を当社の当座預金口座から青森株式会社の普通預金口座に振り込んだ。
　　ア．貸付金　イ．受取手数料　ウ．手形貸付金　エ．当座預金　オ．受取利息　カ．普通預金

問題

第1回
第2回
第3回
第4回
第5回
第6回
第7回
第8回
第9回

2. 商品をクレジット払いで販売したことにより発生していたクレジット売掛金¥240,000について、本日決済され、普通預金口座へ振り込まれた。
　　ア．支払手数料　イ．現金　ウ．売上　エ．普通預金　オ．クレジット売掛金　カ．受取手形

3. 得意先広島株式会社に対する売掛金のうち¥36,000は普通為替証書で、¥12,000は同社振出の小切手で受け取った。
　　ア．前受金　イ．現金　ウ．売掛金　エ．仮払金　オ．当座預金　カ．通信費

4. 前期末において、切手の未使用分¥1,000と収入印紙の未使用分¥6,000を貯蔵品勘定へ振り替える処理を行った。本日（当期首）、再振替仕訳を行った。
　　ア．貯蔵品　イ．雑費　ウ．租税公課　エ．未払金　オ．法人税、住民税及び事業税
　　カ．通信費

5. 埼玉株式会社は、仕入先神奈川株式会社より商品を仕入れ、品物とともに次の請求書（兼納品書）を受け取った。代金は後日支払うものとし、消費税は税抜方式で処理する。

請　求　書			
埼玉株式会社　御中			
			神奈川株式会社
品物	数量	単価	金額
A品	100	600	60,000円
	消費税（10%）		6,000円
	合　計		66,000円

x年8月27日までに合計額を下記口座へお振り込み下さい。
　ＸＹＺ銀行××支店　普通　7654321　カナガワ（カ

　　ア．仕入　イ．現金　ウ．仮払消費税　エ．仮受消費税　オ．未払消費税　カ．買掛金

第2問
20点

(1) 山梨株式会社（決算年1回、3月31日）における次の取引にもとづいて、答案用紙に示した受取家賃勘定と前受家賃勘定を記入しなさい。ただし、解答にあたり次の点に注意すること。

　　1．取引は上から順に記入すること。
　　2．日付欄は採点対象外とする。
　　3．勘定科目および語句は下記の語群から選択し、ア～クの記号で解答すること。
　　　　[語群]
　　　　　ア．前期繰越　イ．次期繰越　ウ．受取　エ．前受　オ．前受家賃
　　　　　カ．受取家賃　キ．損益　ク．前払

×7年4月1日　前期決算日に物件Aに対する今年度4月から7月までの前受家賃を計上していたので、再振替仕訳を行った。1か月分の家賃は¥100,000である。

×7年8月1日　物件Aに対する向こう半年分の家賃（8月から1月まで）が当座預金口座に振り込まれた。1か月分の家賃に変更はない。

×7年9月1日　物件Bに対する向こう1年分の家賃が当座預金口座に振り込まれた。この取引は新規で、1か月分の家賃は¥130,000である。

×8年2月1日　物件Aに対する向こう半年分の家賃（2月から7月まで）が当座預金口座に振り込まれた。今回から1か月分の家賃は¥110,000に値上げしている。

×8年3月31日　決算日を迎え、前受家賃を計上した。

(2) 次の文章の①から④にあてはまる最も適切な語句を選択して記号で答えなさい。

1．貸倒引当金は受取手形や売掛金に対する（　①　）勘定である。
　　ア．仕入　イ．負債　ウ．売上　エ．振替　オ．評価

2．買掛金元帳は、仕入先ごとの買掛金の増減を記録する（　②　）である。
　　ア．補助簿　イ．起票　ウ．仕入帳　エ．主要簿　オ．当座預金出納帳

3．建物の修繕によってその機能が向上し価値が増加した場合、（　③　）勘定で処理する。
　　ア．雑益　イ．修繕費　ウ．貯蔵品　エ．建物　オ．評価

4．3伝票制を採用している場合、入金伝票と出金伝票の他に、通常（　④　）伝票が用いられる。
　　ア．売上　イ．振替　ウ．入金　エ．仕入　オ．出金

第3問
35点

次の(1)決算整理前残高試算表と(2)決算整理事項等にもとづいて、答案用紙の貸借対照表と損益計算書を完成しなさい。なお、会計期間は×7年4月1日から×8年3月31日までの1年間である。

1)

決算整理前残高試算表

借　　方	勘　定　科　目	貸　　方
278,000	現　　　　　　　金	
1,000	現　金　過　不　足	
520,000	普　通　預　金	
360,000	売　　掛　　金	
220,000	仮　払　消　費　税	
120,000	仮　　払　　金	
10,000	仮　払　法　人　税　等	
180,000	繰　越　商　品	
2,000,000	備　　　　　　　品	
1,000,000	土　　　　　　　地	
	買　　掛　　金	210,000
	借　　入　　金	200,000
	仮　受　消　費　税	400,000
	貸　倒　引　当　金	200
	備品減価償却累計額	500,000
	資　　本　　金	2,000,000
	繰　越　利　益　剰　余　金	1,000,000
	売　　　　　　上	4,000,000
	受　取　手　数　料	800,000
2,200,000	仕　　　　　　入	
1,900,000	給　　　　　　料	
230,000	通　　信　　費	
90,000	支　払　家　賃	
1,200	保　　険　　料	
9,110,200		9,110,200

(2) 決算整理事項等

1. 現金過不足¥1,000のうち¥800は通信費の記入漏れであった。残額は不明のため適切に処理した。
2. 得意先から商品の内金¥20,000を現金で受け取っていたが、これを売上として処理していたので、適切に修正する。
3. 仮払金¥120,000は、その全額が×7年12月1日に購入した備品に対する支払いであることが判明した。
4. 売掛金の期末残高に対して2%の貸倒引当金を差額補充法により設定する。
5. 期末商品棚卸高は¥203,000である。
6. 消費税の処理（税抜方式）を行う。
7. 備品について、残存価額をゼロ、耐用年数を8年とする定額法により減価償却を行う。当期新たに取得した備品についても同様の条件で減価償却費を月割により計算する。
8. 家賃の前払額が¥15,000ある。
9. 受取手数料のうち¥360,000（月額¥30,000）は、×7年5月1日に、向こう1年間の手数料を受け取ったものである。
10. 借入金は×7年9月1日に借入期間1年、年利率3%で借り入れたもので、利息は元金とともに返済時に支払うことになっている。利息の計算は月割による。
11. 法人税、住民税及び事業税の金額が¥30,000と計算されたので仮払法人税等との差額を未払法人税等として計上する。

第1問
45点

下記の各取引について仕訳しなさい。ただし、勘定科目は、設問ごとに最も適当と思われるものを選び、答案用紙の（　　）の中に記号で解答すること。

1．新店舗を開設する目的で、土地750㎡を、1㎡当たり￥55,000で購入した。購入手数料￥500,000は普通預金口座から仲介業者に支払い、土地代金は月末に支払うことにした。
　　　ア．定期預金　イ．未払金　ウ．仮払金　エ．土地　オ．普通預金　カ．支払手数料

2．仕入勘定において算定された売上原価￥2,800,000を損益勘定に振り替えた。
　　　ア．損益　イ．雑損　ウ．雑益　エ．買掛金　オ．仕入　カ．前払金

3．現金の帳簿残高が実際有高より￥10,000少なかったので現金過不足として処理していたが、決算日において、受取手数料￥15,000と旅費交通費￥7,000の記入漏れが判明した。残額は原因が不明であったので、雑益または雑損として処理する。
　　　ア．雑損　イ．現金　ウ．現金過不足　エ．旅費交通費　オ．受取手数料　カ．雑益

4．建物の改良と修繕を行い、代金￥20,000,000を普通預金口座から支払った。うち建物の資産価値を高める支出額（資本的支出）は￥16,000,000であり、建物の現状を維持するための支出額（収益的支出）は￥4,000,000である。
　　　ア．当座預金　イ．普通預金　ウ．修繕費　エ．建物　オ．前払金　カ．仮払金

5．収入印紙￥8,000を購入し、代金は現金で支払った。なお、この収入印紙はただちに使用した。
　　　ア．租税公課　イ．貯蔵品　ウ．消耗品費　エ．通信費　オ．現金　カ．当座預金

6．不用になった備品（取得原価￥400,000、減価償却累計額￥300,000、間接法で記帳）を期首に￥20,000で売却し、代金は2週間後に受け取ることとした。
　　　ア．未収入金　イ．備品　ウ．固定資産売却益　エ．固定資産売却損　オ．減価償却費
　　　カ．備品減価償却累計額

7．徳島株式会社に対する売掛金￥200,000（前期販売分）について、本日、￥70,000を現金で回収し、残額については貸倒れとして処理した。なお、貸倒引当金の残高は￥300,000である。
　　　ア．貸倒損失　イ．現金　ウ．貸倒引当金　エ．売掛金　オ．貸倒引当金戻入
　　　カ．償却債権取立益

8．得意先北海道株式会社へ商品￥433,000（送料込み）を販売し、代金については注文時に同社から受け取った手付金￥40,000と相殺し、残額を掛けとした。なお、送料￥5,000（費用処理する）は現金で支払った。
　　　ア．前受金　イ．売掛金　ウ．支払手数料　エ．発送費　オ．現金　カ．売上

9．当座預金口座を開設し、普通預金口座から￥100,000を預け入れた。また、口座開設と同時に当座借越契約（限度額￥1,800,000）を締結し、その担保として普通預金口座から￥2,000,000を定期預金口座へ預け入れた。
　　　ア．当座預金　イ．売掛金　ウ．普通預金　エ．定期預金　オ．現金　カ．借入金

10．消耗品￥30,000を購入し、代金は後日支払うこととした。
　　　ア．買掛金　イ．現金　ウ．消耗品費　エ．当座預金　オ．仮払金　カ．未払金

問題

第1回
第2回
第3回
第4回
第5回
第6回
第7回
第8回
第9回

1. 営業活動で利用する電車およびバスの料金支払用ＩＣカードに現金￥30,000を入金し、領収証の発行を受けた。なお、入金時に全額費用に計上する方法を用いている。

    ア．仮払金　イ．消耗品費　ウ．現金　エ．旅費交通費　オ．貯蔵品　カ．租税公課

2. 従業員への給料の支払いにあたり、給料総額￥350,000のうち、本人負担の社会保険料￥20,000と、所得税の源泉徴収分￥14,000を差し引き、残額を当座預金口座より振り込んだ。

    ア．当座預金　イ．給料　ウ．現金　エ．社会保険料預り金　オ．所得税預り金

    カ．従業員立替金

3. 得意先大阪株式会社に期間9か月、年利率4.5％で￥400,000を借用証書にて貸し付けていたが、本日満期日のため利息とともに同社振出しの小切手で返済を受けたので、ただちに当座預金に預け入れた。

    ア．現金　イ．手形貸付金　ウ．当座預金　エ．支払利息　オ．受取利息　カ．貸付金

4. 昨年度に得意先が倒産し、その際に売掛金￥1,000,000の貸倒れ処理を行っていたが、本日、得意先の清算に伴い￥50,000の分配を受け、同額が普通預金口座へ振り込まれた。

    ア．償却債権取立益　イ．普通預金　ウ．貸倒引当金　エ．貸倒損失　オ．売掛金

    カ．貸倒引当金戻入

5. 当社の普通預金口座から指定の金額を振り込んだ際の納付書（領収証書）は以下のとおりであった。

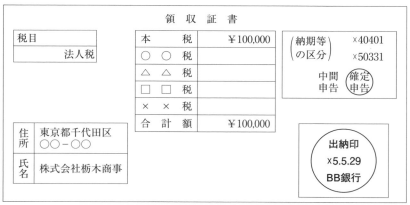

税目		本　　　税	￥100,000	納期等 の区分	×40401
	法人税	○　○　税			×50331
		△　△　税		中間 申告	確定 申告
		□　□　税			
住所	東京都千代田区 ○○－○○	×　×　税			
		合　計　額	￥100,000	出納印 ×5.5.29 BB銀行	
氏名	株式会社栃木商事				

領　収　証　書

    ア．仮払法人税等　イ．現金　ウ．当座預金　エ．未払法人税等　オ．普通預金

    カ．法人税、住民税及び事業税

（第150回第1問改題）

7

第2問
20点

(1) 当社（当期は×8年4月1日から×9年3月31日まで）における手数料の支払いが生し
た取引および決算整理事項にもとづいて、答案用紙の支払手数料勘定と前払手数料勘定
に必要な記入をして締め切りなさい。なお、勘定記入にあたっては、日付、摘要および
金額を（　）内に取引日順に記入すること。ただし、摘要欄に記入する語句は［語
群］から最も適当と思われるものを選び、答案用紙にア〜コの記号で解答すること。

7月11日　未払金¥70,000を普通預金口座から支払った。そのさいに、振込手数料¥300が同口座か
　　　　　ら差し引かれた。
10月26日　倉庫の建設に供するための土地¥1,200,000を購入し、代金は小切手を振り出して支払った。
　　　　　なお、仲介手数料¥15,000は不動産会社に現金で支払った。
3月1日　向こう3か月分の調査手数料¥60,000（1か月当たり¥20,000）を現金で支払い、その全
　　　　　額を支払手数料勘定で処理した。
3月31日　3月1日に支払った手数料のうち前払分を月割で計上した。

［語群］
　ア．現金　イ．普通預金　ウ．当座預金　エ．前払手数料　オ．土地　カ．未払金
　キ．支払手数料　ク．諸口　ケ．次期繰越　コ．損益

(2) 以下の［資料1］と［資料2］にもとづいて、問に答えなさい。

［資料1］　×3年6月1日現在の売掛金に関する状況
1．総勘定元帳における売掛金勘定の残高は¥387,000である。
2．売掛金元帳（得意先元帳）における東京商店に対する売掛金の残高は¥230,000、箱根商店に対
する売掛金の残高は¥（各自計算）である。なお、当社の得意先は東京商店と箱根商店だけであ
る。

［資料2］　×3年6月中の取引
　7日　岐阜商店から商品¥240,000を仕入れ、代金は掛けとした。なお、当社負担の引取運賃
　　　　¥2,500は現金で支払った。
　12日　東京商店に商品¥78,000を売り渡し、代金は掛けとした。
　15日　箱根商店に対する売掛金¥50,000が当座預金口座に振り込まれた。
　19日　箱根商店に商品¥63,000を売り渡し、代金は掛けとした。
　22日　19日に箱根商店に売り渡した商品のうち¥5,000が品違いにより返品され、掛代金から差
　　　　し引くこととした。
　29日　東京商店に対する売掛金¥49,000が当座預金口座に振り込まれた。

問1　6月7日、12日および15日の取引が、答案用紙に示されたどの補助簿に記入されるか答えなさ
　　い。なお、解答にあたっては、該当するすべての補助簿の欄に○印を付しなさい。
問2　6月末における箱根商店に対する売掛金の残高を答えなさい。

（第147回第4問改題）

第3問
35点
　次の決算整理事項等にもとづいて、答案用紙の精算表を完成しなさい。なお、消費税の仮受け・仮払いは売上取引・仕入取引のみで行うものとする。会計期間は×4年4月1日から×5年3月31日までの1年間である。

決算整理事項等

1．仕入先に対する買掛金¥70,000を普通預金口座から支払われていたが、この取引が未記帳だった。

2．小口現金係から次のとおり小口現金を使用したことが報告されたが、未記帳であった。なお、この報告にもとづく補給は翌期に行うこととした。
　　文房具　¥3,000（使用済み）　　電車賃　¥4,500

3．残高試算表欄の土地の半額分は売却済みであったが、代金¥1,300,000を仮受金としたのみであるため、適切に修正する。

4．残高試算表欄の保険料のうち¥180,000は当期の8月1日に向こう1年分として支払ったものであるが、2月中に解約した。保険会社から3月1日以降の保険料が月割で返金される旨の連絡があったため、この分を未収入金へ振り替える。

5．受取手形および売掛金の期末残高合計に対して2％の貸倒引当金を差額補充法により設定する。

6．期末商品棚卸高は¥330,000である。売上原価は「仕入」の行で計算する。

7．消費税の処理（税抜方式）を行う。

8．建物および備品について次のとおり定額法で減価償却を行う。
　　　建物：残存価額は取得原価の10％、耐用年数24年
　　　備品：残存価額ゼロ、耐用年数5年

9．給料の未払分が¥45,000ある。

10．手形借入金は当期の2月1日に借入期間1年、利率年4.5％で借り入れたものであり、借入時に1年分の利息が差し引かれた金額を受け取っている。そこで、利息の前払分を月割により計上する。

（第150回第5問改題）

第1問
45点

下記の各取引について仕訳しなさい。ただし、勘定科目は、設問ごとに最も適当と思われるものを選び、答案用紙の（　）の中に記号で解答すること。

1．かねて販売した商品￥350,000の返品を受けたため、掛代金から差し引くこととした。
　　ア．仕入　イ．現金　ウ．当座預金　エ．売掛金　オ．売上　カ．買掛金

2．販売用の中古車を￥850,000で購入し、代金は掛けとした。なお、当社は中古車販売業を営んでいる。
　　ア．仮払金　イ．未払金　ウ．買掛金　エ．現金　オ．当座預金　カ．仕入

3．土地付き建物￥4,000,000（うち建物￥1,000,000、土地￥3,000,000）を購入し、売買手数料（それぞれの代金の３％）を加えた総額を普通預金口座から振り込むとともに引渡しを受けた。
　　ア．土地　イ．支払手数料　ウ．普通預金　エ．当座預金　オ．支払利息　カ．建物

4．従業員が業務のために立て替えた１か月分の諸経費は次のとおりであった。そこで、来月の給料に含めて従業員へ支払うこととし、未払金として計上した。
　　　　電車代　￥6,750　　　　タクシー代　￥4,500　　　書籍代（消耗品費）　￥5,000
　　ア．消耗品費　イ．小口現金　ウ．仮払金　エ．旅費交通費　オ．未払金　カ．当座預金

5．借入金（元金均等返済）の今月返済分の元本￥200,000および利息（各自計算）が普通預金口座から引き落とされた。利息の引落額は未返済の元本￥1,000,000に利率年3.65％を適用し、30日分の日割計算（１年を365とする）した額である。
　　ア．受取利息　イ．支払利息　ウ．借入金　エ．手形借入金　オ．支払手数料　カ．普通預金

6．従業員の給料から源泉徴収していた所得税合計額￥2,000,000を、銀行において納付書とともに現金で納付した。
　　ア．社会保険料預り金　イ．所得税預り金　ウ．当座預金　エ．現金　オ．租税公課
　　カ．仮払法人税等

7．得意先から先月締めの掛代金￥300,000の回収として、振込手数料￥400（当社負担）を差し引かれた残額が当社の当座預金口座に振り込まれた。
　　ア．支払利息　イ．支払手数料　ウ．現金　エ．売掛金　オ．当座預金　カ．売上

8．月末に金庫を実査したところ、紙幣￥100,000、硬貨￥5,800、得意先振出しの小切手￥10,000、約束手形￥20,000、郵便切手￥1,000が保管されていたが、現金出納帳の残高は￥116,000であった。不一致の原因を調べたが原因は判明しなかったので、現金過不足勘定で処理することにした。
　　ア．通信費　イ．現金過不足　ウ．現金　エ．雑損　オ．当座預金　カ．雑益

9．銀行で当座預金口座を開設し、￥3,000,000を普通預金口座からの振り替えにより当座預金口座に入金した。また、小切手帳の交付を受け、手数料として￥2,000を現金で支払った。
　　ア．普通預金　イ．現金　ウ．定期預金　エ．当座預金　オ．支払利息　カ．支払手数料

10．得意先新潟株式会社へ商品￥167,000（送料込み）を販売し、代金のうち￥30,000は注文時に受け取った手付金と相殺し、残額は月末の受け取りとした。なお、商品の送料￥5,000（費用処理する）を運送会社に現金で支払った。
　　ア．売上　イ．発送費　ウ．現金　エ．当座預金　オ．売掛金　カ．前受金

1. 店舗の駐車場として使用している土地の本月分賃借料￥50,000が普通預金口座から引き落とされた。

    ア．支払地代　イ．現金　ウ．受取地代　エ．普通預金　オ．当座預金　カ．土地

2. 領収証の発行や約束手形の振出しに用いる収入印紙￥5,000と郵便切手￥1,000をともに郵便局で購入し、代金は現金で支払った。

    ア．租税公課　イ．当座預金　ウ．現金　エ．通信費　オ．水道光熱費　カ．貯蔵品

3. 備品（取得原価￥600,000、残存価額ゼロ、耐用年数５年）を２年間使用してきたが、３年目の期首に￥300,000で売却し、代金は翌月末に受け取ることにした。減価償却費は定額法で計算し、記帳は間接法を用いている。

    ア．固定資産売却益　イ．備品減価償却累計額　ウ．固定資産売却損　エ．備品　オ．未収入金
    カ．減価償却費

4. 従業員が出張から戻り、さきの当座預金口座への￥230,000の入金は、得意先山梨株式会社からの売掛金￥200,000の回収および得意先甲府株式会社から受け取った手付金￥30,000であることが判明した。なお、入金時には内容不明の入金として処理してある。

    ア．前受金　イ．売掛金　ウ．現金　エ．仮払金　オ．買掛金　カ．仮受金

5. 商品を売り上げ、代金￥50,000のうち￥10,000を現金で受け取り、残額を掛けとした。この取引について、入金伝票を次のように記入した場合の振替伝票の仕訳を示しなさい。

入　金　伝　票	
科　　　　目	金　　　額
売　　　　上	10,000

    ア．買掛金　イ．当座預金　ウ．売上　エ．現金　オ．売掛金　カ．仕入

第2問
20点

(1) 日商商事株式会社の10月中の買掛金に関する取引の勘定記録は以下のとおりである。下記勘定の空欄のうち、（A）～（E）には次に示した [語群] の中から適切な語句を選択し、ア～カの記号で記入するとともに、（①）～（⑤）には適切な金額を記入しなさい。なお、仕入先は下記2店のみとし、各勘定は毎月末に締め切っている。

[語群]　ア．前月繰越　イ．次月繰越　ウ．現金　エ．普通預金　オ．仕入　カ．買掛金

総　勘　定　元　帳
買　掛　金

10/ 9	仕　　　　　入	（　　　）	10/ 1	前　月　繰　越	330,000
15	（　　A　　）	331,000	8	（　　D　　）	（　③　）
（　）	仕　　　　　入	（　①　）	（　）	（　　　）	821,000
25	（　　B　　）	（　②　）			
31	（　　C　　）	293,000			
		（　　　）			（　　　）

買　掛　金　元　帳
北　海　道　商　店

10/22	（　　　　　）	（　　　）	10/ 1	（　　　　　）	210,000
25	普通預金払い	925,000	21	仕　入　れ	（　　　）
31	（　　　　　）	（　④　）			
		1,031,000			1,031,000

沖　縄　商　店

10/ 9	返　　品	（　⑤　）	10/ 1	（　E　）	（　　　）
15	現　金　払　い	（　　　）	8	仕　入　れ	418,000
31	（　　　　）	198,000			
		538,000			538,000

(2) 次の6月中の取引にもとづいて、下記の問に答えなさい。

6月5日　X商品60個を@¥500で売り上げた。
　　8日　5日に売り上げたX商品のうち10個が返品された。
　　12日　X商品150個を@¥308で仕入れた。
　　22日　X商品180個を@¥490で売り上げた。

問1　移動平均法により、答案用紙の商品有高帳（X商品）を作成しなさい。なお、8日の売上戻りについては、受入欄に記入すること。

問2　先入先出法にもとづいた場合の、X商品の次月繰越高を求めなさい。

12

第3問 35点

次の［資料1］および［資料2］にもとづいて、答案用紙の貸借対照表と損益計算書を完成しなさい。会計期間は×4年4月1日から×5年3月31日までの1年間である。なお、税金の計算は考慮外とする。

［資料1］

決算整理前残高試算表

借 方	勘 定 科 目	貸 方
185,000	現　　　　　金	
3,000	現 金 過 不 足	
928,000	普 通 預 金	
568,000	売 　掛　 金	
198,000	繰 越 商 品	
3,000,000	建　　　　　物	
600,000	備　　　　　品	
1,800,000	土　　　　　地	
	買 　掛　 金	813,000
	仮 　受　 金	68,000
	貸 倒 引 当 金	4,000
	建物減価償却累計額	1,200,000
	車両運搬具減価償却累計額	700,000
	資 　本　 金	4,000,000
	繰越利益剰余金	396,000
	売　　　　　上	3,890,000
	受 取 手 数 料	36,000
2,035,000	仕　　　　　入	
760,000	給　　　　　料	
162,000	水 道 光 熱 費	
48,000	保 　険　 料	
30,000	通 　信　 費	
790,000	固 定 資 産 売 却 損	
11,107,000		11,107,000

［資料2］　決算整理事項等

1．現金¥50,000を普通預金口座に預け入れたが、この取引が未処理である。

2．過日発生した現金過不足について調査をしたところ、¥2,000については通信費の記帳漏れであることが判明したが、残額については不明のため雑損または雑益で処理する。

3．仮受金は、全額が売掛金の回収であることが判明した。

4．期首に車両運搬具（取得原価¥800,000、減価償却累計額¥700,000）を¥10,000で売却し、代金は現金で受け取った際に、以下の仕訳を行っただけなので、適切に修正する。

　　（借方）現　　金　　　10,000
　　　　　　固定資産売却損　790,000
　　　　　　　（貸方）車 両 運 搬 具　800,000

5．売掛金の期末残高に対して2％の貸倒引当金を差額補充法により設定する。

6．期末商品棚卸高は¥235,000である。

7．建物および備品について、以下の要領でそれぞれ定額法により減価償却を行う。

　　建物：残存価額ゼロ　耐用年数30年
　　備品：残存価額ゼロ　耐用年数5年
　　なお、備品は全額当期の11月1日に購入したものであり、減価償却費は月割計算する。

8．保険料の前払額が¥12,000ある。

9．受取手数料は全額当期の3月1日に向こう1年分の手数料を受け取ったものであるため、前受額を月割で計上する。

13

第1問
45点

　下記の各取引について仕訳しなさい。ただし、勘定科目は、設問ごとに最も適当と思わ
れるものを選び、答案用紙の（　　）の中に記号で解答すること。

1．建物および土地の固定資産税¥500,000の納付書を受け取り、未払金に計上することなく、ただ
　ちに当座預金口座から振り込んで納付した。
　　　ア．当座預金　イ．未払金　ウ．貯蔵品　エ．仮受金　オ．租税公課　カ．立替金

2．かねて手形を振り出して借り入れていた¥1,000,000の返済期日をむかえ、同額が当座預金口座か
　ら引き落とされるとともに、手形の返却を受けた。
　　　ア．支払手形　イ．手形貸付金　ウ．当座預金　エ．前受金　オ．借入金　カ．手形借入金

3．従業員が出張から帰社し、旅費の精算を行ったところ、あらかじめ概算額で仮払いしていた
　¥50,000では足りず、不足額¥25,000を従業員が立替払いしていた。なお、この不足額は次の給料
　支払時に従業員へ支払うため、未払金として計上した。
　　　ア．未払金　イ．仮払金　ウ．前払金　エ．立替金　オ．旅費交通費　カ．給料

4．1株当たり¥100,000で15株の株式を発行し、合計¥1,500,000の払込みを受けて株式会社を設立し
　た。払込金はすべて普通預金口座に預け入れられた。
　　　ア．繰越利益剰余金　イ．資本金　ウ．普通預金　エ．当座預金　オ．仮受金　カ．利益準備金

5．事務用のオフィス機器¥550,000とコピー用紙¥5,000を購入し、代金の合計を普通預金口座から
　振り込んだ。
　　　ア．消耗品費　イ．普通預金　ウ．貯蔵品　エ．未収入金　オ．仕入　カ．備品

6．決算日において、過日借方に計上していた現金過不足¥20,000の原因を改めて調査した結果、旅
　費交通費¥30,000、受取手数料¥18,000の記入漏れが判明した。残額は原因が不明であったので、
　雑益または雑損として処理する。
　　　ア．現金過不足　イ．雑益　ウ．旅費交通費　エ．受取手数料　オ．租税公課
　　　カ．雑損

7．A銀行とB銀行に当座預金口座を開設し、A銀行には現金¥500,000、B銀行には現金¥1,200,000
　を預け入れた。なお、管理のために口座ごとに勘定を設定することとした。
　　　ア．普通預金A銀行　イ．普通預金B銀行　ウ．当座預金A銀行　エ．当座預金B銀行
　　　オ．当座預金　カ．現金

8．7月5日　本年度の雇用保険料の概算額¥378,000を現金で一括納付した。このうち会社負担分
　は、¥252,000であり、残額は従業員負担分である。従業員負担分は、4月から6月分については
　過去の給料から月額を差し引いているため、これを充当するが、7月以降の9か月分は会社が概算
　で立て替えて支払う。
　　　ア．所得税預り金　イ．法定福利費　ウ．当座預金　エ．従業員立替金　オ．現金
　　　カ．社会保険料預り金

9．商品（本体価格¥600,000）を仕入れ、代金のうち¥388,800（消費税込み）は現金で支払い、残
　額は掛けとした。なお、消費税の税率は10%とし、税抜方式で処理する。
　　　ア．仕入　イ．現金　ウ．買掛金　エ．仮受消費税　オ．仮払消費税　カ．租税公課

10. 営業のために利用するバス代の支払いのため、ICカードに現金¥10,000を入金し、領収証の発行を受けた。なお、当社では入金時には仮払金勘定で処理し、使用時に適切な勘定に振り替える処理を採用している。
    ア．現金　イ．前払金　ウ．当座預金　エ．仮払金　オ．前受金　カ．仮受金

11. 商品を売り上げたさいに受け取っていた信販会社発行の商品券¥60,000について精算し、現金を受け取った。
    ア．現金　イ．受取手形　ウ．当座預金　エ．売掛金　オ．受取手数料　カ．受取商品券

12. 会計係は小口現金係から次のような支払いの報告を受け、小口現金に関する記帳を行うとともに、ただちに小切手を振り出して小口現金を補給した。
    通信費：¥5,000　旅費交通費：¥8,000　消耗品費：¥2,000
    ア．旅費交通費　イ．当座預金　ウ．通信費　エ．現金　オ．消耗品費　カ．貯蔵品

13. 電子債権記録機関に発生記録が行われた債権¥250,000の支払期日が到来し、普通預金口座へ振り込まれた。
    ア．買掛金　イ．当座預金　ウ．売掛金　エ．普通預金　オ．電子記録債務　カ．電子記録債権

14. 青森株式会社は第4期の株主総会において、繰越利益剰余金の一部を次のように処分することを決定した。
    利益準備金の積み立て：¥500,000　　株主配当金：¥5,000,000
    ア．資本金　イ．利益準備金　ウ．当座預金　エ．未払配当金　オ．未払金
    カ．繰越利益剰余金

15. 商品を売り上げ、品物とともに次の納品書兼請求書の原本を発送し、その控えを手許に保管している。なお、代金は掛けとし、消費税は税抜方式で処理する。

納品書兼請求書（控）

山形株式会社　御中

株式会社秋田商事

品物	数量	単価	金額
ティーカップ	40	500	¥　　20,000
コップ	10	100	¥　　　1,000
スプーン	20	200	¥　　　4,000
	小　　計		¥　　25,000
	消　費　税		¥　　　2,500
	合　　計		¥　　27,500

×4年8月15日までに合計額を下記口座へお振り込み下さい。
　A銀行秋田支店　当座　1236984　カ）アキタショウジ

ア．仮払消費税　イ．仮受消費税　ウ．売掛金　エ．普通預金　オ．買掛金　カ．売上

第2問
20点

(1) 函館株式会社（決算年1回、3月31日）における次の取引にもとづいて、答案用紙に示した支払利息勘定と未払利息勘定を完成しなさい。ただし、解答にあたり次の点に注意すること。

1. 利息の計算はすべて月割計算すること。
2. 取引は上から順に記入すること。
3. 日付欄は採点対象外とする。
4. 勘定科目欄は下記の語群から選択し、**ア～カの記号で解答すること。**

[語群]
ア．普通預金　イ．未払利息　ウ．支払利息　エ．前期繰越　オ．次期繰越
カ．損益

4月1日　取引先から¥1,200,000（利率年1.5％、期間1年、利払日は9月と3月の各末日）を借り入れ、同額が普通預金口座に振り込まれた。
9月30日　取引先からの借入金について、利息を普通預金口座から支払った。
12月1日　銀行から¥2,000,000（利率年1.2％、期間1年）を借り入れ、同額が普通預金口座に振り込まれた。なお、利息は元本返済時に一括で支払う契約である。
3月31日　取引先からの借入金について、利息を普通預金口座から支払った。
　　　　　銀行からの借入金について、未払分の利息を計上した。

(2) 次の[資料]にもとづいて、問に答えなさい。

[資料]　×1年5月中の取引
2日　先月に大阪商会株式会社から掛けで仕入れた商品¥20,000を品違いのため返品し、同社に対する掛代金から差し引いた。
16日　土地180㎡を1㎡当たり¥30,000で取得し、代金は小切手を振り出して支払った。なお、整地費用¥198,000は現金で支払った。
18日　九州商事株式会社に商品¥447,000に送料¥3,000を加えて販売し、代金のうち¥40,000は注文時に同社から受け取った手付金と相殺し、残額は掛けとした。なお、発送費¥3,000は現金で運送会社に支払った。

問1　×1年5月中の取引が、答案用紙に示されたどの補助簿に記入されるか答えなさい。なお、解答にあたっては、各取引が記入されるすべての補助簿の欄に○印をつけること。

問2　×1年10月30日に、×1年5月16日に取得した土地すべてを1㎡当たり¥36,000で売却した。この売却取引から生じた固定資産売却損益の金額を答えなさい。なお、答案用紙の（　）内の損か益かのいずれかに○印をつけること。

第3問
35点

次の(1)決算整理前残高試算表と(2)決算整理事項等にもとづいて、答案用紙の貸借対照表と損益計算書を完成しなさい。消費税の仮受け・仮払いは、売上取引・仕入取引のみで行うものとし、(2)決算整理事項等の7．以外は消費税を考慮しない。なお、会計期間は×1年4月1日から×2年3月31日までの1年間である。

(1)
決算整理前残高試算表

借　　方	勘　定　科　目	貸　　方
183,000	現　　　　　　金	
577,000	当　座　預　金	
491,000	売　　掛　　金	
200,000	繰　越　商　品	
240,000	仮　払　消　費　税	
8,000	仮　払　法　人　税　等	
1,200,000	備　　　　　　品	
2,700,000	土　　　　　　地	
	買　　掛　　金	601,000
	借　　入　　金	400,000
	仮　受　消　費　税	440,000
	貸　倒　引　当　金	300
	備品減価償却累計額	375,000
	資　　本　　金	2,000,000
	繰　越　利　益　剰　余　金	1,521,700
	売　　　　　　上	5,500,000
3,000,000	仕　　　　　　入	
1,800,000	給　　　　　　料	
300,000	支　払　家　賃	
41,000	水　道　光　熱　費	
62,000	通　　信　　費	
24,000	保　　険　　料	
12,000	支　払　利　息	
10,838,000		10,838,000

(2)　決算整理事項等

1．現金の実際有高は¥179,000であった。帳簿残高との差額のうち¥2,100は通信費の記入漏れであることが判明したが、残額は不明のため、雑損または雑益として記載する。

2．売掛代金の当座預金口座への入金¥62,000の取引が、誤って借方・貸方ともに¥26,000と記帳されていたので、その修正を行った。

3．当月の水道光熱費¥3,500が当座預金口座から引き落とされていたが、未処理であった。

4．売掛金の期末残高に対して2％の貸倒引当金を差額補充法により設定する。

5．期末商品棚卸高は¥174,000である。

6．備品について、残存価額をゼロ、耐用年数を8年とする定額法により減価償却を行う。

7．消費税の処理（税抜方式）を行う。

8．借入金は×1年6月1日に借入期間1年、利率年6％で借り入れたもので、利息は11月末日と返済日に6か月分をそれぞれ支払うことになっている。利息の計算は月割による。

9．支払家賃のうち¥150,000は×1年11月1日に向こう6か月分を支払ったものである。そこで、前払分を月割により計上する。

10．法人税、住民税及び事業税が¥21,000と計算されたので、仮払法人税等との差額を未払法人税等として計上する。

第1問
45点

下記の各取引について仕訳しなさい。ただし、勘定科目は、設問ごとに最も適当と思われるものを選び、答案用紙の（　）の中に記号で解答すること。

1．収入印紙¥30,000、郵便切手¥3,000を購入し、いずれも費用として処理していたが、決算日に収入印紙¥10,000、郵便切手¥820が未使用であることが判明したため、これらを貯蔵品勘定に振り替えることとした。
　　ア．租税公課　イ．消耗品費　ウ．法定福利費　エ．通信費　オ．未収入金　カ．貯蔵品

2．従業員にかかる健康保険料¥90,000を普通預金口座から納付した。このうち従業員負担分¥45,000は、社会保険料預り金からの支出であり、残額は会社負担分である。
　　ア．従業員預り金　イ．社会保険料預り金　ウ．法定福利費　エ．所得税預り金　オ．普通預金　カ．従業員立替金

3．商品¥3,020,000（送料込み）を販売し、受注したときに手付金として受け取っていた¥600,000を差し引いた金額を掛けとした。また、送料¥20,000（費用処理する）を現金で支払った。
　　ア．前受金　イ．発送費　ウ．支払手数料　エ．現金　オ．売掛金　カ．売上

4．取引銀行から借り入れていた¥2,000,000の支払期日が到来したため、元利合計を当座預金口座から返済した。なお、借入れにともなう利率は年2.19％であり、借入期間は150日であった。利息は1年を365日として日割計算する。
　　ア．手形借入金　イ．当座預金　ウ．仮受金　エ．受取利息　オ．支払利息　カ．借入金

5．中間申告を行い、法人税、住民税及び事業税¥1,200,000を普通預金口座から支払った。
　　ア．租税公課　イ．仮払法人税等　ウ．法人税、住民税及び事業税　エ．当座預金　オ．普通預金　カ．未払法人税等

6．前期の売上げにより生じた売掛金¥300,000が貸し倒れた。なお、貸倒引当金の残高は¥210,000である。
　　ア．貸倒引当金繰入　イ．貸倒引当金　ウ．貸倒損失　エ．貸倒引当金戻入　オ．売掛金　カ．売上

7．店舗にかかる固定資産税の第2期分¥60,000を銀行にて現金で納付した。
　　ア．普通預金　イ．現金　ウ．貯蔵品　エ．租税公課　オ．法人税、住民税及び事業税　カ．仮払金

8．買掛金の支払いとして¥250,000の約束手形を振り出し、仕入先に対して郵送した。なお、郵送代金¥500は現金で支払った。
　　ア．買掛金　イ．支払手形　ウ．現金　エ．支払手数料　オ．当座預金　カ．通信費

9．兵庫株式会社は増資を行うことになり、1株あたり¥200で株式を新たに100株発行し、出資者より当社の普通預金口座に払い込みがなされた。なお、払込金額は全額資本金とする。
　　ア．当座預金　イ．現金　ウ．普通預金　エ．繰越利益剰余金　オ．利益準備金　カ．資本金

10．営業目的で利用するために現金¥10,000をチャージ（入金）していたICカードを使用して、消耗品¥6,000を購入した。なお、当社では入金時には仮払金勘定で処理し、使用時に適切な勘定に振り替える処理を採用している。
　　ア．現金　イ．当座預金　ウ．旅費交通費　エ．消耗品費　オ．仮払金　カ．仮受金

11. 岩手株式会社は、仕入先栃木株式会社に対する買掛金¥400,000について、同社より依頼を受けたうえで、取引銀行を通じて電子記録債務の発生記録を行った。
　　ア．仕入　イ．電子記録債権　ウ．電子記録債務　エ．買掛金　オ．支払手形　カ．現金

12. 前期の決算において、当座借越勘定に振り替えていた当座預金の貸方残高¥100,000について、本日（当期首）、再振替仕訳を行った。
　　ア．仮払金　イ．当座預金　ウ．支払手形　エ．現金　オ．買掛金　カ．当座借越

13. 出張中の従業員から、当座預金口座に¥75,000が入金されたが、その内容は不明である。
　　ア．仮受金　イ．当座預金　ウ．未収入金　エ．前受金　オ．現金　カ．立替金

14. 事務所として使用する目的で建物を賃借する契約を締結し、1か月分の賃料¥240,000と敷金¥300,000を普通預金口座から支払った。
　　ア．支払家賃　イ．当座預金　ウ．差入保証金　エ．普通預金　オ．支払手数料　カ．建物

15. オフィスのデスクセットを購入し、据付作業ののち、次の請求書を受け取り、代金は後日支払うこととした。なお、当社では単価¥100,000以上の物品は備品として処理している。

請　求　書

日商株式会社　御中

大門商事株式会社

品　　　物	数量	単　　価	金　　額
オフィスデスクセット	1	¥ 2,000,000	¥ 2,000,000
配送料			¥ 30,000
据付費			¥ 100,000
		合　　計	¥ 2,130,000

x8年11月30日までに合計額を下記口座へお振り込み下さい。
千代田銀行千代田支店　普通　7654321　ダイモンショウジ（カ

　　ア．未払金　イ．未収入金　ウ．立替金　エ．備品　オ．貯蔵品　カ．仕入

第2問 20点

(1) 当社では毎年8月1日に向こう1年分の保険料¥24,000を支払っていたが、今年の支払額は10%アップして¥26,400となった。そこで、この保険料に関連する下記の勘定の空欄のうち、（①）～（③）には次に示した［語群］の中から適切な語句を選択し、ア～キの記号で記入するとともに、（a）～（c）には適切な金額を記入しなさい。なお、会計期間は1月1日から12月31日までであり、前払保険料は月割計算している。

［語群］ ア．前期繰越　イ．次期繰越　ウ．損益　エ．現金　オ．未払金　カ．保険料
　　　　 キ．前払保険料

保　険　料					（　　　）保　険　料				
1/1（ ① ）（ ）		12/31（ ）（ ）			1/1（ ）（ a ）		1/1（ ）（ ）		
8/1 現　　金 26,400		〃 （ ② ）（ b ）			12/31（ ）（ ）		12/31（ ③ ）（ ）		
（ ）		（ ）					29,400		29,400
1/1（ ）（ c ）					1/1（ ）（ ）		1/1（ ）（ ）		

(2) 次の1月におけるA商品に関する［資料］にもとづいて、下記の問に答えなさい。なお、払出単価の決定方法として、移動平均法を用いるものとする。

［資料］
1月1日	前月繰越	60個	@¥	1,000
10日	仕　　入	240個	@¥	990
13日	売　　上	250個	@¥	1,800
20日	仕　　入	350個	@¥	960
27日	売　　上	310個	@¥	1,750

問1　答案用紙の商品有高帳（A商品）を作成しなさい。なお、商品有高帳は締め切らなくて良い。
問2　1月のA商品の売上高、売上原価および売上総利益を答えなさい。

第3問
35点

次の［決算整理事項等］にもとづいて、問に答えなさい。当期は×7年4月1日から×8年3月31日までの1年間である。

[決算整理事項等]

① 売掛金¥150,000が普通預金口座に振り込まれていたが、この記帳がまだ行われていない。

② 仮払金は全額、×8年2月26日に支払った備品購入に係るものである。この備品は×8年3月1日に納品され、同日から使用しているが、この記帳がまだ行われていない。

③ 現金過不足の原因を調査したところ、旅費交通費¥2,800の記帳漏れが判明したが、残額は原因不明のため雑損または雑益で処理する。

④ 当座預金勘定の貸方残高全額を当座借越勘定に振り替える。なお、当社は取引銀行との間に¥1,000,000を借越限度額とする当座借越契約を締結している。

⑤ 売掛金の期末残高に対して2％の貸倒引当金を差額補充法で設定する。

⑥ 期末商品棚卸高は¥568,000である。売上原価は「仕入」の行で計算する。

⑦ 建物および備品について、以下の要領で定額法による減価償却を行う。×8年3月1日から使用している備品（上記②参照）についても同様に減価償却を行うが、減価償却費は月割計算する。

　　建物：残存価額ゼロ　耐用年数30年
　　備品：残存価額ゼロ　耐用年数5年

⑧ 借入金のうち¥1,200,000は、期間1年間、利率年3％、利息は元本返済時に1年分を支払う条件で、当期の12月1日に借り入れたものである。したがって、当期にすでに発生している利息を月割で計上する。

⑨ 保険料の前払分¥30,000を計上する。

問1　答案用紙の精算表を完成しなさい。
問2　決算整理後の**建物の帳簿価額**を答えなさい。

第1問 45点

下記の各取引について仕訳しなさい。ただし、勘定科目は、設問ごとに最も適当と思われるものを選び、答案用紙の（　）の中に記号で解答すること。

1．秋田株式会社に対する買掛金￥270,000の決済として、同社あての約束手形を振り出した。
　　ア．当座預金　イ．買掛金　ウ．支払手形　エ．未払金　オ．手形貸付金　カ．受取手形

2．商品￥16,000を売り上げ、消費税￥1,600を含めた合計額のうち￥7,600は現金で受け取り、残額は共通商品券を受け取った。なお、消費税は税抜方式で記帳する。
　　ア．仮払消費税　イ．売上　ウ．仮払法人税等　エ．受取商品券　オ．仮受消費税　カ．現金

3．従業員が事業用のICカードから旅費交通費￥2,600および消耗品費￥700を支払った。なお、ICカードのチャージ（入金）については、チャージ時に仮払金勘定で処理している。
　　ア．消耗品費　イ．旅費交通費　ウ．仮払金　エ．当座預金　オ．小口現金　カ．現金

4．不用になった備品（取得原価￥660,000、減価償却累計額￥561,000、間接法で記帳）を￥3,000で売却し、売却代金は現金で受け取った。
　　ア．固定資産売却損　イ．現金　ウ．前受金　エ．固定資産売却益　オ．備品
　　カ．備品減価償却累計額

5．普通預金口座に利息￥300が入金された。
　　ア．普通預金　イ．支払利息　ウ．現金　エ．受取利息　オ．雑益　カ．受取手数料

6．収入印紙￥7,000を購入し、代金は現金で支払った。なお、この収入印紙はただちに使用した。
　　ア．貯蔵品　イ．消耗品費　ウ．租税公課　エ．当座預金　オ．現金　カ．仮払金

7．従業員が出張から戻り、旅費の残額￥8,000と、得意先で契約した商品販売にかかる手付金￥15,000を現金で受け取った。なお、出張にあたって、従業員には旅費の概算額￥25,000を渡していた。
　　ア．旅費交通費　イ．仮受金　ウ．仮払金　エ．立替金　オ．前受金　カ．現金

8．得意先に販売した商品のうち60個（@￥1,200）が品違いのため返品され、掛け代金から差し引くこととした。
　　ア．仕入　イ．買掛金　ウ．現金　エ．前受金　オ．売上　カ．売掛金

9．前期の決算において未収利息￥36,000を計上していたので、本日（当期首）、再振替仕訳を行った。
　　ア．受取利息　イ．未払利息　ウ．未収利息　エ．前受金　オ．未収入金　カ．支払利息

10．本日、仙台株式会社に対する買掛金￥500,000および売掛金￥100,000の決済日につき、仙台株式会社の承諾を得て両者を相殺処理するとともに、買掛金の超過分￥400,000は小切手を振り出して支払った。
　　ア．売掛金　イ．普通預金　ウ．現金　エ．当座預金　オ．仮払金　カ．買掛金

11．店舗を建てる目的で購入した土地について建設会社に依頼していた整地作業が完了し、その代金￥150,000を現金で支払った。
　　ア．建物　イ．現金　ウ．前払金　エ．支払地代　オ．当座預金　カ．土地

12. 取引銀行から借り入れていた¥730,000の支払期日が到来したため、元利合計を当座預金口座から返済した。なお、借入れにともなう利率は年2％、借入期間は100日間であり、利息は1年を365日として日割計算する。

 ア．支払利息 イ．支払手数料 ウ．借入金 エ．手形借入金 オ．当座預金 カ．未収利息

13. 仕入先静岡株式会社に注文していた商品¥200,000が到着した。商品代金のうち20％は手付金としてあらかじめ支払済みであるため相殺し、残額は掛けとした。なお、商品の引取運賃¥3,000は着払い（当社負担）となっているため運送業者に現金で支払った。

 ア．発送費 イ．買掛金 ウ．現金 エ．前払金 オ．当座預金 カ．仕入

14. 源泉徴収所得税の納付として¥94,000を、納付書とともに銀行において現金で納付した。

 ア．現金 イ．社会保険料預り金 ウ．所得税預り金 エ．当座預金 オ．租税公課
 カ．法人税、住民税及び事業税

15. 当社の普通預金口座から指定の金額を振り込んだ際の納付書（領収証書）は以下のとおりであった。

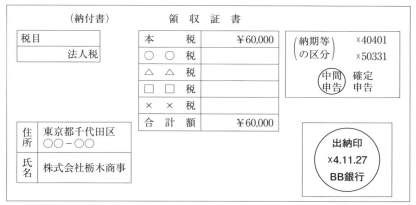

 ア．未払法人税等 イ．普通預金 ウ．当座預金 エ．法人税、住民税及び事業税
 オ．仮払法人税等 カ．現金

第2問
20点

(1) 次の4月中の取引にもとづいて、答案用紙の当座預金勘定に必要な記入を行いなさい。なお、商品売買に関する記帳は3分法により行い、取引銀行とは¥300,000を限度額とする当座借越契約を結んでいる。勘定記入にあたっては、日付、摘要、金額を（　）内に取引日順に記入すること。また、摘要は、下記 [語群] より最も適当と思われるものを選び、答案用紙の［　］の中にア〜キの記号で解答すること。

[語群] ア．現金　イ．売掛金　ウ．売上　エ．支払手形　オ．水道光熱費　カ．仕入　キ．買掛金

4月4日　取引銀行に小切手¥200,000を振り出し、現金を引き出した。
　　7日　商品¥500,000を仕入れ、代金のうち半額は小切手を振り出して支払い、残額を掛けとした。
　　13日　買掛金¥400,000の支払いのため、小切手を振り出した。
　　18日　商品¥350,000を売り上げ、代金として先方振出しの小切手を受け取り、ただちに当座預金に預け入れた。
　　25日　売掛金¥450,000の回収として、当座預金口座への入金があった。
　　27日　当社振出しの約束手形¥300,000について支払期日が到来し、当座預金口座からの引落しが行われた。
　　29日　店舗にかかる電気料金¥30,000が当座預金口座より引き落とされた。

(第141回第2問改題)

(2) 次の文章の（①）から（④）にあてはまる最も適切な語句を選択して記号で答えなさい。

1．前期以前に貸倒れとして処理した売掛金について、当期にその一部を回収したときは、その回収金額を収益勘定である（　①　）勘定で処理する。
　　ア．償却債権取立益　イ．売掛金　ウ．貸倒引当金戻入　エ．雑益　オ．貸倒引当金
2．株式会社が繰越利益剰余金を財源として配当を行ったときは、会社法で定められた上限額に達するまでは一定額を（　②　）として積み立てなければならない。
　　ア．受取手数料　イ．資本金　ウ．繰越利益剰余金　エ．利益準備金　オ．雑損
3．主要簿とは、仕訳帳と（　③　）のことである。
　　ア．仕入帳　イ．現金出納帳　ウ．商品有高帳　エ．売上帳　オ．総勘定元帳
4．すでに取得済みの有形固定資産の修理、改良などのために支出した金額のうち、その有形固定資産の使用可能期間を延長または価値を増加させる部分を（　④　）という。
　　ア．収益的支出　イ．資本的支出　ウ．引当金　エ．減価償却費　オ．差入保証金

第3問
35点

次の(1)決算整理前残高試算表および(2)決算整理事項等にもとづいて、答案用紙の貸借対照表および損益計算書を完成しなさい。なお、会計期間は4月1日から翌3月31日までの1年間である。

1)

決算整理前残高試算表

借　　方	勘　定　科　目	貸　　方
310,000	現　　　　　　金	
550,000	普　通　預　金	
770,000	売　　掛　　金	
650,000	仮　払　消　費　税	
440,000	繰　越　商　品	
2,200,000	建　　　　　　物	
600,000	備　　　　　　品	
2,000,000	土　　　　　　地	
	買　　掛　　金	630,000
	借　　入　　金	1,500,000
	仮　　受　　金	69,400
	仮　受　消　費　税	1,001,000
	所　得　税　預　り　金	18,000
	貸　倒　引　当　金	3,000
	建物減価償却累計額	200,000
	備品減価償却累計額	299,999
	資　　本　　金	3,000,000
	繰　越　利　益　剰　余　金	248,601
	売　　　　　　上	10,010,000
6,500,000	仕　　　　　　入	
2,200,000	給　　　　　　料	
200,000	法　定　福　利　費	
60,000	支　払　手　数　料	
150,000	租　税　公　課	
100,000	支　払　利　息	
250,000	そ　の　他　費　用	
16,980,000		16,980,000

(2)　決算整理事項等

1．仮受金は、得意先からの売掛金￥70,000の振込みであることが判明した。なお、振込額と売掛金の差額は当社負担の振込手数料（問題の便宜上、この取引には消費税が課されないものとする）であり、入金時に振込額を仮受金として処理したのみである。

2．売掛金の期末残高に対して貸倒引当金を差額補充法により1％設定する。

3．期末商品棚卸高は￥400,000である。

4．有形固定資産について、次の要領で定額法により減価償却を行う。
　　建物：耐用年数22年　残存価額ゼロ
　　備品：耐用年数4年　残存価額ゼロ
　　なお、決算整理前残高試算表の備品￥600,000のうち￥200,000は昨年度にすでに耐用年数をむかえて減価償却を終了している。そこで、今年度は備品に関して残りの￥400,000についてのみ減価償却を行う。

5．消費税の処理（税抜方式）を行う。

6．社会保険料の当社負担分￥10,000を未払い計上する。

7．借入金は当期の12月1日に期間1年、利率年4％で借り入れたものであり、借入時にすべての利息が差し引かれた金額を受け取っている。そこで、利息について月割により適切に処理する。

8．未払法人税等￥200,000を計上する。なお、当期に中間納付はしていない。

第7回 予想問題 問題

解答 P112　答案用紙 P26　制限時間 60分

第1問
45点

下記の各取引について仕訳しなさい。ただし、勘定科目は、設問ごとに最も適当と思われるものを選び、答案用紙の（　　）の中に記号で解答すること。

1. 商品（本体価格¥126,000）を売り上げ、代金はクレジット払いとした。なお、信販会社への手数料は代金回収時に計上する。
   ア．クレジット売掛金　イ．売掛金　ウ．売上　エ．支払手数料　オ．仮受金　カ．受取手形

2. 商品（本体価格¥600,000）を仕入れ、代金のうち¥99,000は現金で支払い、残額は掛けとした。なお、消費税の税率は10％とし、税抜方式で処理する。
   ア．仕入　イ．現金　ウ．買掛金　エ．売掛金　オ．仮払消費税　カ．仮受消費税

3. 佐賀株式会社は、新たに事務所を建てる目的で購入した土地について、整地作業を建設会社に依頼していたが、当該作業が完了し代金として¥960,000を現金で支払った。
   ア．仮払金　イ．建物　ウ．土地　エ．当座預金　オ．現金　カ．前払金

4. 富山株式会社は、事業拡大のため増資を行い、株式7,000株を1株あたり¥600で発行し、払込金額は普通預金とした。
   ア．普通預金　イ．受取手形　ウ．繰越利益剰余金　エ．現金　オ．利益準備金　カ．資本金

5. 備品（取得日：×4年7月1日、取得原価：¥600,000、残存価額：ゼロ、耐用年数：5年）を、×6年6月30日に¥400,000で売却し、代金の全額が普通預金口座に振り込まれた。減価償却費は定額法で計算し、記帳は間接法を用いている。なお、決算日は3月31日であり、減価償却費は月割計算により計上する。
   ア．備品　イ．普通預金　ウ．備品減価償却累計額　エ．減価償却費　オ．固定資産売却損
   カ．固定資産売却益

6. 店舗として使用する目的で建物を賃借する契約を締結し、2か月分の賃料¥600,000と敷金¥450,000を普通預金口座から支払った。
   ア．差入保証金　イ．支払家賃　ウ．当座預金　エ．普通預金　オ．支払手数料　カ．建物

7. さきに立替払いしていた発送費の精算として、取引先から送金小切手¥123,000を受け取った。
   ア．仮払金　イ．通信費　ウ．立替金　エ．当座預金　オ．現金　カ．受取手形

8. 岩手株式会社より商品の注文を受け、手付金として¥300,000を先方振出の小切手で受け取った。
   ア．前払金　イ．未収入金　ウ．前受金　エ．仮受金　オ．当座預金　カ．現金

9. 商品¥45,000を販売し、代金として当社の加盟する小売商連合会発行の共通商品券¥15,000を受け取り、残額は掛けとした。
   ア．前受金　イ．売上　ウ．売掛金　エ．受取手形　オ．受取商品券　カ．現金

10. 社員の出張にあたり、旅費の概算額¥200,000を現金で前渡しした。
    ア．旅費交通費　イ．従業員立替金　ウ．前払金　エ．未払金　オ．仮払金　カ．現金

11. 徳島株式会社は第10期の株主総会において、繰越利益剰余金の一部を次のように処分することを決定した。
    利益準備金の積み立て：¥900,000　株主配当金：¥9,000,000
    ア．利益準備金　イ．資本金　ウ．繰越利益剰余金　エ．未払配当金　オ．未払金
    カ．当座預金

12. 従業員の厚生年金保険料￥360,000を普通預金口座から納付した。なお、当該厚生年金保険料のうち￥180,000は従業員負担分であり、残りの￥180,000が会社負担分である。
　　ア．租税公課　イ．法定福利費　ウ．当座預金　エ．社会保険料預り金　オ．所得税預り金
　　カ．普通預金

13. 決算整理を行い、仕入勘定において売上原価￥300,000が算定された。そこで、損益勘定に振り替えた。
　　ア．繰越商品　イ．前受金　ウ．仕入　エ．損益　オ．売上　カ．買掛金

14. 前期の決算において、当座借越勘定に振り替えていた当座預金の貸方残高￥20,000について、本日（当期首）、再振替仕訳を行った。
　　ア．仮払金　イ．支払手形　ウ．当座預金　エ．当座借越　オ．買掛金　カ．現金

15. 広島株式会社は、仕入先岡山株式会社より商品を仕入れ、品物とともに次の請求書（兼納品書）を受け取った。代金は後日支払うものとする。なお、消費税については、税抜方式で処理している。

<table>
<tr><td colspan="4" style="text-align:center">納品書　兼　請求書</td></tr>
<tr><td colspan="4">広島株式会社　御中</td></tr>
<tr><td colspan="4" style="text-align:right">岡山株式会社</td></tr>
<tr><td>品　物</td><td>数　量</td><td>単　価</td><td>金　額</td></tr>
<tr><td>ブランケット Sサイズ</td><td>5</td><td>9,000</td><td>￥　45,000</td></tr>
<tr><td>ブランケット Mサイズ</td><td>27</td><td>10,000</td><td>￥　270,000</td></tr>
<tr><td>ブランケット Lサイズ</td><td>16</td><td>12,000</td><td>￥　192,000</td></tr>
<tr><td colspan="3" style="text-align:center">小　計</td><td>￥　507,000</td></tr>
<tr><td colspan="3" style="text-align:center">消費税（10%）</td><td>￥　50,700</td></tr>
<tr><td colspan="3" style="text-align:center">合　計</td><td>￥　557,700</td></tr>
</table>

x年7月27日までに合計額を下記口座へお振込み下さい。
ＡＢ銀行××支店　普通　7654321　オカヤマ（カ

　　ア．仕入　イ．現金　ウ．買掛金　エ．仮受消費税　オ．仮払消費税　カ．未払消費税

第2問
20点

(1) 当社は×1年4月1日に設立し、当期で第3期をむかえている。下記の第1期から第3期の〈資料〉にもとづき、第3期の繰越利益剰余金勘定の空欄①〜⑤に入る適当な勘定科目、語句、金額を答えなさい。ただし、勘定科目・語句については、下記の[語群]より適当と思われるものを選び記号で解答すること。

[語群] ア．現金　イ．普通預金　ウ．未払金　エ．資本金　オ．利益準備金
　　　　カ．損益　キ．前期繰越　ク．次期繰越

〈資料〉

第1期（×1年4月1日〜×2年3月31日：前々期）
（a）決算（3月31日）において、当期純利益￥1,860,000を計上した。
（b）第1期には配当は行っていない。

第2期（×2年4月1日〜×3年3月31日：前期）
（c）6月26日に開催された株主総会において、繰越利益剰余金残高から次のように処分することが決議された。
　　・株主配当金　￥600,000
　　・配当に伴う利益準備金の積立て　￥60,000
（d）6月29日に、株主配当金￥600,000を普通預金口座から支払った。
（e）決算（3月31日）において、当期純利益￥2,520,000を計上した。

第3期（×3年4月1日〜×4年3月31日：当期）
（f）6月24日に開催された株主総会において、繰越利益剰余金残高から次のように処分することが決議された。
　　・株主配当金　￥750,000
　　・配当に伴う利益準備金の積立て　￥75,000
（g）6月27日に、株主配当金￥750,000を普通預金口座から支払った。
（h）決算（3月31日）において、当期純利益￥3,225,000を計上した。

繰越利益剰余金

×3年 6/24	未 払 配 当 金	（　①　）	×3年 4/1	前 期 繰 越	（　②　）
×3年 6/24	（　③　）	（　　）	×4年 3/31	（　④　）	（　　）
×4年 3/31	（　　）	（　⑤　）			
		（　　）			（　　）

28

（2）次に示す当社の商品売買に関する取引資料にもとづいて、下記の問いに答えなさい。

1．×6年5月中の商品売買に関する諸取引

5月4日	仕入（埼玉株式会社）	20個	@¥1,150
6日	売上（千葉株式会社）	15個	
11日	仕入（埼玉株式会社）	40個	@¥1,190
14日	売上（群馬株式会社）	18個	
16日	売上戻り（群馬株式会社）	3個	（5月11日分の仕入商品が返品されたものとする。）
19日	売上（千葉株式会社）	20個	

2．当社の扱っている商品は甲品のみであり、すべて埼玉株式会社より掛けで仕入れている。なお、掛け代金は月末までに全額を現金で支払う約束である。

3．5月の売上は千葉株式会社と群馬株式会社の2社に対してのみであり、すべて販売単価¥2,400で掛け売りしている。

問1　答案用紙の商品有高帳を作成しなさい。なお、払出単価の計算は先入先出法による。また、仕入戻しがあった場合は払出欄、売上戻りがあった場合は受入欄にそれぞれ記入すること。なお、解答欄が空欄となる場合「—」と記入すること。

問2　×6年5月の売上総利益を求めなさい。

第3問
35点

　会計期間を4月1日から3月31日までとする群馬株式会社の×7年度末における、次の
[決算整理前残高試算表]、[決算日に判明した事項] および [決算整理事項] にもとづい
て下記の問に答えなさい。なお、法人税等は考慮外とし、消費税の仮受け・仮払いは売上
取引・仕入取引のみで行うものとする。

問1　答案用紙の決算整理後残高試算表を完成しなさい。

問2　当期純利益または当期純損失を計算しなさい。なお、（　　）内に利益あるいは損
　　　失と記入すること。

[決算整理前残高試算表]

決算整理前残高試算表
×8年3月31日　　　　　　　　（単位：円）

借　方	勘　定　科　目	貸　方
179,200	現　　　　　金	
9,600	現 金 過 不 足	
1,116,800	当 座 預 金	
243,200	受 取 手 形	
364,800	売 　掛　 金	
800,000	仮 　払　 金	
208,000	仮 払 消 費 税	
131,200	繰 越 商 品	
1,280,000	貸 　付　 金	
5,760,000	建　　　　　物	
640,000	備　　　　　品	
4,352,000	土　　　　　地	
	支 払 手 形	236,800
	買 　掛　 金	348,800
	前 　受　 金	76,800
	仮 受 消 費 税	411,000
	貸 倒 引 当 金	6,400
	建物減価償却累計額	1,728,000
	備品減価償却累計額	384,000
	資 　本　 金	8,000,000
	繰越利益剰余金	2,509,400
	売　　　　　上	4,110,000
2,080,000	仕　　　　　入	
537,600	給　　　　　料	
38,400	通 　信　 費	
19,200	租 税 公 課	
51,200	保 　険　 料	
17,811,200		17,811,200

30

問題

第1回
第2回
第3回
第4回
第5回
第6回
第7回
第8回
第9回

[決算日に判明した事項]
(1) 現金過不足につき、その原因を調査したところ通信費¥6,400の記帳もれが判明した。しかし、残額については原因不明のため適切な処理を行う。
(2) 得意先から商品の内金¥64,000を現金で受け取っていたが、これを売掛金の回収として処理していたことが判明した。
(3) 仮払金は全額備品の購入金額であることが判明した。なお、備品は×8年1月1日に引き渡しを受けすぐに使用を始めた。

[決算整理事項]
(1) 期末商品棚卸高は¥121,600である。
(2) 受取手形および売掛金の期末残高に対して4％の貸倒引当金を差額補充法により設定する。
(3) 建物および備品について定額法によって減価償却を行う。なお、当期中に取得した備品については月割りで減価償却費を計上する。
　　建　物　残存価額：ゼロ　耐用年数30年
　　備　品　残存価額：ゼロ　耐用年数5年
(4) 収入印紙の未使用高が¥3,200ある。
(5) 保険料のうち¥38,400は、×7年8月1日に支払った建物に対する1年分の火災保険料である。よって未経過分を月割計算により前払処理する。
(6) 貸付金は、×7年11月1日に貸付期間1年、利率年1.2％の条件で貸し付けたもので、利息は返済時に一括して受け取ることになっている。なお、利息の計算は月割りによる。
(7) 消費税の処理（税抜方式）を行う。

第1問
45点

　下記の各取引について仕訳しなさい。ただし、勘定科目は、設問ごとに最も適当と思われるものを選び、答案用紙の（　　）の中に記号で解答すること。

1．昨日、掛けで仕入れた商品¥1,800,000のうち¥90,000を品違いにより返品し、掛代金と相殺した。
　　ア．現金　イ．前払金　ウ．買掛金　エ．未払金　オ．仕入　カ．貸倒損失

2．商品¥53,000（送料込み）を販売し、代金は掛とした。また、同時に配送業者へこの商品を引き渡し、送料¥3,000（費用処理する）は現金で支払った。
　　ア．売上　イ．未収入金　ウ．未払金　エ．現金　オ．発送費　カ．売掛金

3．当社が所属する同業者団体の年会費¥198,000が普通預金口座より引き落とされた。
　　ア．普通預金　イ．当座預金　ウ．現金　エ．支払手数料　オ．預り金　カ．諸会費

4．福井株式会社は、第1期決算において、当期純利益¥690,000を計上した。
　　ア．繰越利益剰余金　イ．雑益　ウ．損益　エ．資本金　オ．当座預金　カ．雑損

5．長野株式会社から売掛金の回収として、同社振出の約束手形¥64,000と、同社が振り出した小切手¥50,000を受け取った。
　　ア．当座預金　イ．現金　ウ．売上　エ．普通預金　オ．売掛金　カ．受取手形

6．銀行より¥1,000,000を借り入れ、同額の約束手形を振り出し、利息¥40,000を差し引かれた残額が普通預金口座に振り込まれた。
　　ア．当座預金　イ．受取利息　ウ．普通預金　エ．借入金　オ．手形借入金　カ．支払利息

7．業務で使用する目的でコピー複合機¥540,000を購入し、搬入設置費用¥20,000を含めた¥560,000のうち¥260,000は小切手を振り出して支払い、残額は翌月以降の分割払いとした。
　　ア．備品　イ．仕入　ウ．買掛金　エ．当座預金　オ．現金　カ．未払金

8．仕入先島根株式会社に注文していた商品¥120,000が到着した。商品代金のうち50％は手付金としてあらかじめ支払済みであるため相殺し、残額は掛けとした。
　　ア．前払金　イ．買掛金　ウ．当座預金　エ．仕入　オ．仮払金　カ．現金

9．決算整理において、仮払金として処理していた¥720,000について調査をしたところ、12月1日に向こう6か月分の保険料を当座預金口座から支払ったものであることが判明した。前払分については月割で計上する。なお、決算日は3月31日とする。
　　ア．当座預金　イ．仮払金　ウ．未払金　エ．前払保険料　オ．保険料　カ．前払金

10．当社は、6月に開催された株主総会で承認された株主への配当金¥300,000を、普通預金口座から支払った。
　　ア．繰越利益剰余金　イ．未払配当金　ウ．資本金　エ．普通預金　オ．受取利息
　　カ．当座預金

11．従業員の所得税の源泉徴収税額¥320,000を普通預金口座から納付した。
　　ア．租税公課　イ．従業員立替金　ウ．所得税預り金　エ．普通預金　オ．現金　カ．給料

12．小口現金係から通信費¥37,500、消耗品費¥4,500、雑費¥2,100の支払いの報告を受けた（インプレスト・システムによる）。なお、当社では小口現金の補給は翌営業日に行うことにしている。
　　ア．消耗品費　イ．通信費　ウ．小口現金　エ．雑費　オ．旅費交通費　カ．普通預金

3. 前期末において、切手の未使用分¥4,000と収入印紙の未使用分¥15,000を貯蔵品勘定へ振り替える処理を行った。本日（当期首）、再振替仕訳を行った。

  ア．貯蔵品　イ．通信費　ウ．租税公課　エ．未払金　オ．法人税、住民税及び事業税
  カ．雑費

4. 当社の当座預金口座へ貸付金に対する利息¥42,000が入金された。

  ア．当座預金　イ．普通預金　ウ．貸付金　エ．受取手数料　オ．現金　カ．受取利息

5. 水道橋株式会社は、赤坂株式会社から事務用の物品を購入し、以下の請求書を受け取った。なお、代金は翌月末に支払うこととしている。

<table>
<tr><td colspan="5" align="center">請　求　書</td></tr>
<tr><td colspan="5">水道橋株式会社　御中</td></tr>
<tr><td colspan="5" align="right">赤 坂 株 式 会 社</td></tr>
<tr><td align="center">品　物</td><td align="center">数量</td><td align="center">単価</td><td colspan="2" align="center">金　額</td></tr>
<tr><td>コピー用紙（500枚入）</td><td align="center">60</td><td align="center">400</td><td>¥</td><td align="right">24,000</td></tr>
<tr><td>ボールペン（黒）</td><td align="center">250</td><td align="center">80</td><td>¥</td><td align="right">20,000</td></tr>
<tr><td>ボールペン（赤）</td><td align="center">150</td><td align="center">80</td><td>¥</td><td align="right">12,000</td></tr>
<tr><td>送料</td><td align="center">－</td><td align="center">－</td><td>¥</td><td align="right">1,250</td></tr>
<tr><td></td><td colspan="2" align="center">合　計</td><td>¥</td><td align="right">57,250</td></tr>
</table>

×2年5月31日までに合計額を下記口座へお振り込みください。
K銀行千代田支店　普通　1234567　アカサカ（カ

  ア．貯蔵品　イ．買掛金　ウ．普通預金　エ．未払金　オ．租税公課　カ．消耗品費

第2問
20点

(1) 次の［資料］にもとづいて、答案用紙の備品勘定と備品減価償却累計額勘定を記入しなさい。減価償却は定額法によるものとし、残存価額はゼロ、月割計算によって算定する。当期の会計期間は×8年4月1日から×9年3月31日までの1年間である。

なお、摘要欄は下記の［語群］から選択し、ア～オの記号で記入すること。

［語群］

　　ア．備品　イ．減価償却費　ウ．次期繰越　エ．前期繰越　オ．損益

［資　料］

固 定 資 産 台 帳

取得年月日	名称等	期末数量	耐用年数	期首(期中取得)取得原価	期首減価償却累計額	差引期首(期中取得)帳簿価額	当期減価償却費
備品							
×5年4月1日	備品X	8	5年	1,200,000	720,000	480,000	240,000
×7年10月1日	備品Y	2	6年	600,000	50,000	550,000	100,000
×9年2月1日	備品Z	1	8年	600,000	0	600,000	12,500
小　計				2,400,000	770,000	1,630,000	352,500

(2) 福岡㈱は、主要簿以外に答案用紙に記載してある補助簿を用いている。次に示す1～5の取引が、答案用紙に示されたどの補助簿に記入されるか、該当する補助簿の欄に○印を記入しなさい。なお、該当しない補助簿の欄には何も記入しないこと。

1．得意先より注文を受けていた商品を、本日発送した。代金は、注文時に受け取っていた手付金を差し引き、残りの半額を先方振出の約束手形で受け取り、もう半額は月末に受け取ることとした。なお、発送費を現金で支払った。

2．仕入先に注文していた商品が、本日納品された。代金は、注文時に支払っていた手付金を差し引き、残りのうち半額を約束手形の振り出しにより支払い、もう半額は月末に支払うこととした。なお引取費は小切手を振り出して支払った。

3．買掛金の支払いとして、仕入先宛ての約束手形を振り出し、郵便書留にて郵送した。なお、当社負担の郵送料は現金で支払った。

4．売掛金の回収として、得意先振り出しの小切手を受け取った。

5．書類等保管用の大型キャビネットを購入し、配送料及び据付費を合わせて、小切手を振り出して支払った。

第3問 35点

次の決算整理前の総勘定元帳の各勘定残高および決算整理事項にもとづいて、損益計算書と貸借対照表を完成しなさい。消費税の仮受け、仮払いは、売上取引、仕入取引、広告宣伝費の支払いのみで行うものとする。なお、会計期間は、×7年4月1日から×8年3月31日である。

〔決算整理前の総勘定元帳の各勘定残高〕

現　　　金 ¥	845,800	現金過不足（借方残高）¥	22,400	当座預金（貸方残高）¥	40,000
受 取 手 形	105,000	売　掛　金	120,000	貸倒引当金	3,000
繰 越 商 品	52,500	仮払消費税	62,300	仮払法人税等	30,000
備　　　品	300,000	備品減価償却累計額	240,000	土　　　地	1,000,000
支 払 手 形	75,000	買　掛　金	166,500	仮受消費税	107,000
借 入 金	405,000	資　本　金	1,000,000	繰越利益剰余金	200,000
売　　　上	1,070,000	受取手数料	67,200	仕　　　入	600,000
給　　　料	52,500	広告宣伝費	23,000	支 払 家 賃	144,000
支 払 利 息	16,200				

〔決算整理事項等〕

1. 現金過不足につき、その原因を調査していたが、広告宣伝費¥20,000及び仮払消費税¥2,000の記帳もれが判明した。残額について、原因不明のため適切な処理を行った。
2. ×8年3月31日に商品¥5,000（本体価格）を掛けで仕入れていたが、未処理であった。10%の消費税についても適切に処理する。
3. 当座預金勘定の貸方残高を借入金勘定に振り替える。なお、取引銀行とは借越限度額¥200,000の当座借越契約を締結している。
4. 売上債権の期末残高に対して2％の貸倒れを見積る。貸倒引当金の設定は差額補充法による。
5. 期末商品の棚卸高は¥66,000であった。なお、売上原価は仕入勘定で計算する。
6. 消費税（税抜方式）の処理を行う。
7. 備品（×3年4月1日に取得）について定額法（耐用年数5年、残存価額：ゼロ）により減価償却を行う。なお、備品については、今年度に減価償却を行うことで当初予定していた耐用年数をむかえるが、来年度も使用し続ける予定である。そのさいに、備忘価額1円を貸借対照表へ記載する。
8. 手数料の未収分が¥2,000ある。
9. 支払家賃は、店舗建物の賃借によるもので、当期の8月1日に向こう1年分として支払ったものである。
10. 支払利息は借入金¥405,000に対する利息であり、当期の11月30日（利払日）までの利息が計上されている。利払日後、決算日現在までこの借入金の金額に変動はなく、年利率6％により利息の未払高を月割計上する。
11. 法人税、住民税及び事業税が¥81,000と計算されたので、仮払法人税等との差額を未払法人税等として計上する。

35

第1問
45点

下記の各取引について仕訳しなさい。ただし、勘定科目は、設問ごとに最も適当と思われるものを選び、答案用紙の（　）の中に記号で解答すること。

1. 前期に貸倒れとして処理していた長野株式会社に対する売掛金¥450,000のうち、¥180,000を現金で回収することができたので、ただちに当座預金とした。
   ア. 現金　イ. 売掛金　ウ. 償却債権取立益　エ. 当座預金　オ. 貸倒引当金　カ. 貸倒損失

2. 決算につき、郵便切手の未使用分¥15,000と収入印紙の未使用分¥3,000を貯蔵品勘定へ振り替えた。
   ア. 通信費　イ. 租税公課　ウ. 消耗品費　エ. 法定福利費　オ. 現金　カ. 貯蔵品

3. 出張中の社員から、当座預金口座に¥45,000が入金されたが、その内容は不明である。
   ア. 現金　イ. 当座預金　ウ. 仮受金　エ. 前受金　オ. 仮払金　カ. 普通預金

4. 商品¥200,000（税抜価格）を得意先宮城株式会社に販売し、代金は掛けとした。なお、消費税率は10%とし、税抜方式で処理している。
   ア. 仮受消費税　イ. 仮払消費税　ウ. 当座預金　エ. 売上　オ. 売掛金　カ. 買掛金

5. 建物の固定資産税¥480,000について納付書を受け取り、未払金に計上することなく、ただちに普通預金口座から支払った。
   ア. 租税公課　イ. 法人税、住民税及び事業税　ウ. 普通預金　エ. 建物　オ. 修繕費
   カ. 未払金

6. 現金の実際有高が帳簿残高より¥108,000不足していたため、かねて現金過不足勘定で処理しておいたが、その原因を調査したところ、通信費¥248,000の記入漏れと保険料の支払額¥450,000を¥708,000とする誤記入が判明した。なお、残額については原因不明のため、雑損または雑益として処理することとした。
   ア. 雑益　イ. 通信費　ウ. 雑損　エ. 現金過不足　オ. 保険料　カ. 現金

7. 本日決算にあたり、法人税、住民税及び事業税を¥666,000と算定し計上した。なお、中間納付額¥303,000があり、支払時に仮払法人税等勘定で処理している。
   ア. 現金　イ. 仮払法人税等　ウ. 仮払金　エ. 未払法人税等
   オ. 法人税、住民税及び事業税　カ. 損益

8. 仮払金として処理していた¥400,000について、備品の取得のさいの購入額を記帳したものであることが判明した。
   ア. 当座預金　イ. 仮払金　ウ. 未払金　エ. 現金　オ. 備品　カ. 前払金

9. 取引銀行より¥2,000,000を借り入れ、利息を差し引かれた手取金を当座預金とした。なお、借入期間は73日、利率は年4%である。1年は365日とする。
   ア. 借入金　イ. 現金　ウ. 受取利息　エ. 支払利息　オ. 手形借入金　カ. 当座預金

10. 建物の改良と修繕を行い、その代金¥450,000を小切手を振り出して支払った。なお、このうち¥350,000は免震工事のための支出（資本的支出）であり、残額は破損した窓の修理費（収益的支出）である。
    ア. 現金　イ. 普通預金　ウ. 修繕費　エ. 仮払金　オ. 当座預金　カ. 建物

問題

第1回
第2回
第3回
第4回
第5回
第6回
第7回
第8回
第9回

1. 滋賀株式会社に対する前期の商品売買により発生した売掛金￥630,000について、本日、￥150,000を現金で回収し、残額は貸し倒れた。なお、貸倒引当金の残高は￥500,000である。
   ア．貸倒引当金繰入　イ．貸倒損失　ウ．売掛金　エ．売上　オ．貸倒引当金　カ．現金
2. 宮崎株式会社より商品の注文を受け、手付金として￥40,000を先方振出の小切手で受け取った。
   ア．前払金　イ．未収入金　ウ．前受金　エ．仮受金　オ．当座預金　カ．現金
3. 電子債権記録機関に発生記録が行われた債権￥300,000の支払期日が到来し、普通預金口座へ振り込まれた。
   ア．電子記録債権　イ．当座預金　ウ．売掛金　エ．電子記録債務　オ．普通預金　カ．買掛金
4. 賃借契約を解約し、契約時に支払った敷金￥260,000の返却を受け普通預金口座へ振り込まれた。
   ア．現金　イ．普通預金　ウ．支払手数料　エ．建物　オ．支払家賃　カ．差入保証金
5. 大分株式会社は、以下の納付書にもとづき、普通預金口座から振り込んだ。

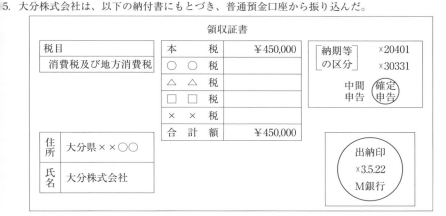

ア．仮払消費税　イ．仮受消費税　ウ．普通預金　エ．未払消費税　オ．現金　カ．当座預金

第2問 20点

(1) 下記の取引内容について答案用紙の各勘定に記入しなさい。入出金はすべて現金と
し、利息計算は受払いも含め月割計算とする。また、当会計期間は×3年3月31日を決
算日とする1年である。ただし、勘定科目等は以下の中から選び、ア～コの記号で解答
すること。なお、記号は何度使用してもよい。

ア．現金　　イ．支払利息　　ウ．前払利息　　エ．未払利息　　オ．受取利息
カ．未払　　キ．前払　　ク．未収　　ケ．前受　　コ．損益

[取引]
　前期の×1年8月1日に、甲銀行から¥8,000,000（期間1年、利息は利率年3％で満期に支払い）を
借り入れた。この借入れについては、当期に予定どおり利息とともに元本を返済している。
　また、当期の×2年8月1日に、甲銀行から¥9,000,000（期間1年、利息は利率年2％で満期に支払
い）を借り入れた。

(2) 次の文章中の空欄にあてはまる適切な語句を下記の [語群] から選び、ア～シの記号で解答欄に
記入しなさい。

1．他人振出の小切手、普通為替証書および送金小切手などの（　①　）は、すぐに金融機関で通貨
に換金ができるもので、簿記ではこれらを紙幣や硬貨同様に現金勘定で処理する。
2．固定資産を購入したときには、その本体の代金に購入手数料等の付随費用を加算した（　②　）
で固定資産勘定の借方に記入する。
3．株式会社では株主が資金を提供し、取締役が経営管理を行う。これを（　③　）という。なお、
取締役の選任や解任、会社組織の運営管理などに関する重要事項は、会社の最高意思決定機関であ
る（　④　）で決議する。

[語群]
ア．約束手形　　イ．当座預金　　ウ．株主　　エ．資本金　　オ．定期預金　　カ．取締役会
キ．取得原価　　ク．所有と経営の分離　　ケ．株主総会　　コ．通貨代用証券
サ．普通預金　　シ．購入代価

第3問
35点

次の決算整理事項等（未処理事項を含む）にもとづいて問いに答えなさい。なお、会計期間は×1年4月1日から×2年3月31日までの1年である。また、消費税の仮受け・仮払いは売上取引・仕入取引のみで行うものとする。

〔決算整理事項等〕

1. 保有している土地のすべてを決算直前に¥380,000で売却していたが、その記帳がまだ行われていない。なお、売却代金は後日受け取ることになっている。

2. 売掛金¥64,000を回収し当座預金へ預け入れたが、記帳していなかった。

3. 仮払金は全額、社会保険料預り金¥2,500（従業員の負担額）に、会社負担額（従業員の負担額と同額とする）を加えて納付したものと判明した。

4. 現金の実際手許有高は¥30,000であり、帳簿残高との不一致の原因は不明である。

5. 受取手形および売掛金の期末残高合計に対して、実績率4％を用いて貸倒れを見積もる。なお、貸倒引当金の残高に加減して調整する方法によること。

6. 期末商品棚卸高は¥132,000である。売上原価は「仕入」の行で計算すること。

7. 建物について定額法により減価償却を行う。耐用年数は25年、残存価額はゼロとする。

8. 借入金はすべて当期の6月1日に利率年2％の条件で借り入れたもので、利息は毎年5月末日と11月末日に各半年分を支払う契約となっている。

9. 受取家賃は12か月分であり、そのうち4か月分が未経過である。

10. 消費税の処理（税抜方式）を行う。

問1　答案用紙の精算表を完成しなさい。
問2　決算整理後の建物の帳簿価額を答えなさい。

スッキリうかる本試験予想問題集
日商簿記3級

別冊▶ 答案用紙

なお、答案用紙については、ダウンロードでもご利用いただけます。
TAC出版書籍販売サイト・サイバーブックストアにアクセスしてください。

https://bookstore.tac-school.co.jp/

スッキリうかる本試験予想問題集
日商簿記3級

別冊

答案用紙

第1問 45点

	借　　方		貸　　方	
	記　　号	金　　額	記　　号	金　　額
1	(　　　)		(　　　)	
	(　　　)		(　　　)	
	(　　　)		(　　　)	
	(　　　)		(　　　)	
2	(　　　)		(　　　)	
	(　　　)		(　　　)	
	(　　　)		(　　　)	
	(　　　)		(　　　)	
3	(　　　)		(　　　)	
	(　　　)		(　　　)	
	(　　　)		(　　　)	
	(　　　)		(　　　)	
4	(　　　)		(　　　)	
	(　　　)		(　　　)	
	(　　　)		(　　　)	
	(　　　)		(　　　)	
5	(　　　)		(　　　)	
	(　　　)		(　　　)	
	(　　　)		(　　　)	
	(　　　)		(　　　)	
6	(　　　)		(　　　)	
	(　　　)		(　　　)	
	(　　　)		(　　　)	
	(　　　)		(　　　)	
7	(　　　)		(　　　)	
	(　　　)		(　　　)	
	(　　　)		(　　　)	
	(　　　)		(　　　)	

（次ページに続く）

答案用紙

第1回
第2回
第3回
第4回
第5回
第6回
第7回
第8回
第9回

前ページより）

	借　　方		貸　　方	
	記　　号	金　　額	記　　号	金　　額
8	（　　）		（　　）	
	（　　）		（　　）	
	（　　）		（　　）	
	（　　）		（　　）	
9	（　　）		（　　）	
	（　　）		（　　）	
	（　　）		（　　）	
	（　　）		（　　）	
10	（　　）		（　　）	
	（　　）		（　　）	
	（　　）		（　　）	
	（　　）		（　　）	
11	（　　）		（　　）	
	（　　）		（　　）	
	（　　）		（　　）	
	（　　）		（　　）	
12	（　　）		（　　）	
	（　　）		（　　）	
	（　　）		（　　）	
	（　　）		（　　）	
13	（　　）		（　　）	
	（　　）		（　　）	
	（　　）		（　　）	
	（　　）		（　　）	
14	（　　）		（　　）	
	（　　）		（　　）	
	（　　）		（　　）	
	（　　）		（　　）	
15	（　　）		（　　）	
	（　　）		（　　）	
	（　　）		（　　）	
	（　　）		（　　）	

第2問 20点

(1)

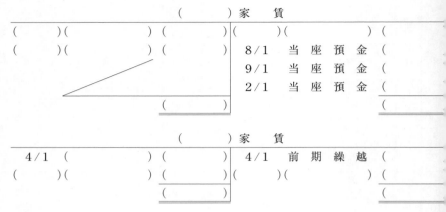

（　　　）家　　賃

（　　　）（　　　　　　　）	（　　　）	（　　　）（　　　　　　　）	（
（　　　）（　　　　　　　）	（　　　）	8／1　当　座　預　金	（
		9／1　当　座　預　金	（
		2／1　当　座　預　金	（
（　　　　　　　）			（

（　　　）家　　賃

4／1　（　　　　　　　）	（　　　）	4／1　前　期　繰　越	（
（　　　）（　　　　　　　）	（　　　）	（　　　）（　　　　　　　）	（
（　　　　　　　）			（

(2)

①	②	③	④

4

答案用紙

第1回
第2回
第3回
第4回
第5回
第6回
第7回
第8回
第9回

第3問 35点

貸 借 対 照 表

×8年3月31日　　　　　　　　　　（単位：円）

現　　　　　金		（　　　）	買　掛　金		（　　　）
普　通　預　金		（　　　）	借　入　金		（　　　）
売　掛　金	（　　　）		（　　　　　　）		（　　　）
貸 倒 引 当 金	（△　　　）	（　　　）	未 払 法 人 税 等		（　　　）
商　　　　品		（　　　）	未 払 消 費 税		（　　　）
（　　）費　用		（　　　）	未　払　費　用		（　　　）
備　　　　品	（　　　）		前　受　収　益		（　　　）
減価償却累計額	（△　　　）	（　　　）	資　本　金		（　　　）
土　　　　地		（　　　）	繰越利益剰余金		（　　　）
		（　　　）			（　　　）

損 益 計 算 書

×7年4月1日から×8年3月31日まで　　　　　　（単位：円）

売 上 原 価	（　　　）	売　上　高	（　　　）
給　　　料	（　　　）	受 取 手 数 料	（　　　）
貸倒引当金繰入	（　　　）		
減 価 償 却 費	（　　　）		
通　信　費	（　　　）		
支　払　家　賃	（　　　）		
保　険　料	（　　　）		
雑　（　　　）	（　　　）		
支　払　利　息	（　　　）		
法人税、住民税及び事業税	（　　　）		
当 期 純（　　　）	（　　　）		
	（　　　）		（　　　）

5

	借　方		貸　方	
	記　号	金　額	記　号	金　額
1	（　　）		（　　）	
	（　　）		（　　）	
	（　　）		（　　）	
	（　　）		（　　）	
2	（　　）		（　　）	
	（　　）		（　　）	
	（　　）		（　　）	
	（　　）		（　　）	
3	（　　）		（　　）	
	（　　）		（　　）	
	（　　）		（　　）	
	（　　）		（　　）	
4	（　　）		（　　）	
	（　　）		（　　）	
	（　　）		（　　）	
	（　　）		（　　）	
5	（　　）		（　　）	
	（　　）		（　　）	
	（　　）		（　　）	
	（　　）		（　　）	
6	（　　）		（　　）	
	（　　）		（　　）	
	（　　）		（　　）	
	（　　）		（　　）	
7	（　　）		（　　）	
	（　　）		（　　）	
	（　　）		（　　）	
	（　　）		（　　）	

（次ページに続く）

《前ページより》

	借　方		貸　方	
	記　号	金　額	記　号	金　額
8	（　　　）		（　　　）	
	（　　　）		（　　　）	
	（　　　）		（　　　）	
	（　　　）		（　　　）	
9	（　　　）		（　　　）	
	（　　　）		（　　　）	
	（　　　）		（　　　）	
	（　　　）		（　　　）	
10	（　　　）		（　　　）	
	（　　　）		（　　　）	
	（　　　）		（　　　）	
	（　　　）		（　　　）	
11	（　　　）		（　　　）	
	（　　　）		（　　　）	
	（　　　）		（　　　）	
	（　　　）		（　　　）	
12	（　　　）		（　　　）	
	（　　　）		（　　　）	
	（　　　）		（　　　）	
	（　　　）		（　　　）	
13	（　　　）		（　　　）	
	（　　　）		（　　　）	
	（　　　）		（　　　）	
	（　　　）		（　　　）	
14	（　　　）		（　　　）	
	（　　　）		（　　　）	
	（　　　）		（　　　）	
	（　　　）		（　　　）	
15	（　　　）		（　　　）	
	（　　　）		（　　　）	
	（　　　）		（　　　）	
	（　　　）		（　　　）	

(1)

支 払 手 数 料

(	)[	]	(	)	3/31 [	]	(	)
(	)[	]	(	)	〃 [	]	(	)
			(	)			(	)

前 払 手 数 料

| 3/31 [|] | (|) | 3/31 [|] | (|) |

(2)

問 1

帳簿 日付	現金出納帳	当座預金 出 納 帳	商品有高帳	売掛金元帳 (得意先元帳)	買掛金元帳 (仕入先元帳)	仕 入 帳	売 上 帳
7日							
12日							
15日							

問 2
¥

第3問 35点

精 算 表

勘定科目	残高試算表 借方	残高試算表 貸方	修正記入 借方	修正記入 貸方	損益計算書 借方	損益計算書 貸方	貸借対照表 借方	貸借対照表 貸方
現　　　金	507,000							
小 口 現 金	35,000							
普 通 預 金	250,000							
受 取 手 形	420,000							
売 　掛 　金	300,000							
仮 払 消 費 税	423,000							
繰 越 商 品	480,000							
建　　　物	800,000							
備　　　品	750,000							
土　　　地	2,400,000							
買 　掛 　金		510,000						
手 形 借 入 金		1,000,000						
仮 受 消 費 税		650,000						
仮 　受 　金		1,300,000						
貸 倒 引 当 金		10,000						
建物減価償却累計額		390,000						
備品減価償却累計額		280,000						
資 　本 　金		1,000,000						
繰越利益剰余金		310,000						
売　　　上		6,500,000						
仕　　　入	4,300,000							
給　　　料	600,000							
旅 費 交 通 費	80,000							
支 払 家 賃	180,000							
保 　険 　料	300,000							
消 耗 品 費	80,000							
支 払 利 息	45,000							
	11,950,000	11,950,000						
固定資産売却（　　）								
貸 倒 引 当 金 繰 入								
減 価 償 却 費								
未 収 入 金								
（　　　　）給料								
（　　　　）利息								
（　　　　）消費税								
当 期 純（　　　）								

第1問 45点

	借 方		貸 方	
	記　　号	金　　額	記　　号	金　　額
1	（　　　）		（　　　）	
	（　　　）		（　　　）	
	（　　　）		（　　　）	
	（　　　）		（　　　）	
2	（　　　）		（　　　）	
	（　　　）		（　　　）	
	（　　　）		（　　　）	
	（　　　）		（　　　）	
3	（　　　）		（　　　）	
	（　　　）		（　　　）	
	（　　　）		（　　　）	
	（　　　）		（　　　）	
4	（　　　）		（　　　）	
	（　　　）		（　　　）	
	（　　　）		（　　　）	
	（　　　）		（　　　）	
5	（　　　）		（　　　）	
	（　　　）		（　　　）	
	（　　　）		（　　　）	
	（　　　）		（　　　）	
6	（　　　）		（　　　）	
	（　　　）		（　　　）	
	（　　　）		（　　　）	
	（　　　）		（　　　）	
7	（　　　）		（　　　）	
	（　　　）		（　　　）	
	（　　　）		（　　　）	
	（　　　）		（　　　）	

（次ページに続く）

答案用紙

第1回
第2回
第3回
第4回
第5回
第6回
第7回
第8回
第9回

（前ページより）

借　　方		貸　　方	
記　　号	金　　額	記　　号	金　　額
8 （　　）		（　　）	
（　　）		（　　）	
（　　）		（　　）	
（　　）		（　　）	
9 （　　）		（　　）	
（　　）		（　　）	
（　　）		（　　）	
（　　）		（　　）	
10 （　　）		（　　）	
（　　）		（　　）	
（　　）		（　　）	
（　　）		（　　）	
11 （　　）		（　　）	
（　　）		（　　）	
（　　）		（　　）	
（　　）		（　　）	
12 （　　）		（　　）	
（　　）		（　　）	
（　　）		（　　）	
（　　）		（　　）	
13 （　　）		（　　）	
（　　）		（　　）	
（　　）		（　　）	
（　　）		（　　）	
14 （　　）		（　　）	
（　　）		（　　）	
（　　）		（　　）	
（　　）		（　　）	
15 （　　）		（　　）	
（　　）		（　　）	
（　　）		（　　）	
（　　）		（　　）	

第2問 20点

(1)

（A）	（B）	（C）	（D）	（E）

①	②	③	④	⑤

(2)

問1

商 品 有 高 帳

X 商 品

×8年		摘　　要	受	入		払	出		残	高	
			数 量	単 価	金 額	数 量	単 価	金 額	数 量	単 価	金 額
6	1	前月繰越	100	300	30,000				100	300	30,000
	5	売　　上									
	8	売上戻り									
	12	仕　　入									
	22	売　　上									
	30	次月繰越									
				—			—				

問2
¥

12

第3問 35点

貸借対照表

×5年3月31日　　　　　　　　　（単位：円）

現　　　　　金	（　　　　　）	買　掛　金　813,000
普　通　預　金	（　　　　　）	前　受　収　益　（　　　　　）
売　掛　金　（　　　　　）		資　本　金　4,000,000
貸倒引当金（△　　　　）（　　　　　）		繰越利益剰余金　（　　　　　）
商　　　　　品	（　　　　　）	
前　払　費　用	（　　　　　）	
建　　　　　物　（　　　　　）		
減価償却累計額（△　　　　）（　　　　　）		
備　　　　　品　（　　　　　）		
減価償却累計額（△　　　　）（　　　　　）		
土　　　　　地　1,800,000		
（　　　　　）		（　　　　　）

損益計算書

×4年4月1日から×5年3月31日まで　　　　　（単位：円）

売　上　原　価	（　　　　　）	売　上　高　3,890,000
給　　　　　料	（　　　　　）	受　取　手　数　料　（　　　　　）
水　道　光　熱　費	（　　　　　）	
保　　険　　料	（　　　　　）	
通　　信　　費	（　　　　　）	
貸倒引当金繰入	（　　　　　）	
減　価　償　却　費	（　　　　　）	
雑　　（　　　　）	（　　　　　）	
固定資産売却損	（　　　　　）	
当期純（　　　　）	（　　　　　）	
	（　　　　　）	（　　　　　）

第1問 45点

	借 方		貸 方	
	記　号	金　額	記　号	金　額
1	(　　)		(　　)	
	(　　)		(　　)	
	(　　)		(　　)	
	(　　)		(　　)	
2	(　　)		(　　)	
	(　　)		(　　)	
	(　　)		(　　)	
	(　　)		(　　)	
3	(　　)		(　　)	
	(　　)		(　　)	
	(　　)		(　　)	
	(　　)		(　　)	
4	(　　)		(　　)	
	(　　)		(　　)	
	(　　)		(　　)	
	(　　)		(　　)	
5	(　　)		(　　)	
	(　　)		(　　)	
	(　　)		(　　)	
	(　　)		(　　)	
6	(　　)		(　　)	
	(　　)		(　　)	
	(　　)		(　　)	
	(　　)		(　　)	
7	(　　)		(　　)	
	(　　)		(　　)	
	(　　)		(　　)	
	(　　)		(　　)	

（次ページに続く）

（前ページより）

答案用紙

第1回
第2回
第3回
第4回
第5回
第6回
第7回
第8回
第9回

	借　方		貸　方	
	記　　号	金　　額	記　　号	金　　額
8	（　　）		（　　）	
	（　　）		（　　）	
	（　　）		（　　）	
	（　　）		（　　）	
9	（　　）		（　　）	
	（　　）		（　　）	
	（　　）		（　　）	
	（　　）		（　　）	
10	（　　）		（　　）	
	（　　）		（　　）	
	（　　）		（　　）	
	（　　）		（　　）	
11	（　　）		（　　）	
	（　　）		（　　）	
	（　　）		（　　）	
	（　　）		（　　）	
12	（　　）		（　　）	
	（　　）		（　　）	
	（　　）		（　　）	
	（　　）		（　　）	
13	（　　）		（　　）	
	（　　）		（　　）	
	（　　）		（　　）	
	（　　）		（　　）	
14	（　　）		（　　）	
	（　　）		（　　）	
	（　　）		（　　）	
	（　　）		（　　）	
15	（　　）		（　　）	
	（　　）		（　　）	
	（　　）		（　　）	
	（　　）		（　　）	

(1)

支　払　利　息

（　　　）（　　　　　　　）（　　　　　　）	（　　　）（　　　　　　　）（　　　　　　）
（　　　）普　通　預　金（　　　　　　）	
〃　（　　　　　　）	
（　　　　　　）	（　　　　　　）

未　払　利　息

（　　　）（　　　　　　　）（　　　　　　）	（　　　）（　　　　　　　）（　　　　　　）
	（　　　）（　　　　　　　）（　　　　　　）

(2)
問 1

補助簿 日付	現金出納帳	当座預金出納帳	商品有高帳	売掛金元帳 (得意先元帳)	買掛金元帳 (仕入先元帳)	仕 入 帳	売 上 帳	固定資産台帳
2 日								
16日								
18日								

問 2　¥（　　　　　　　　　　　）の固定資産売却（　損　・　益　）

（注）（　　）内の損か益のいずれかに○印をつけること。

16

第3問 35点

貸 借 対 照 表

×2年3月31日 　　　　　　　　（単位：円）

現 金	（ ）	買 掛 金	（ ）
当 座 預 金	（ ）	借 入 金	（ ）
売 掛 金 （ ）		（ ）消費税	（ ）
貸 倒 引 当 金 （△ ）	（ ）	未 払 法 人 税 等	（ ）
商 品	（ ）	未 払 費 用	（ ）
（ ）費 用	（ ）	資 本 金	（ ）
備 品 （ ）		繰 越 利 益 剰 余 金	（ ）
減 価 償 却 累 計 額 （△ ）	（ ）		
土 地	（ ）		
	（ ）		（ ）

損 益 計 算 書

×1年4月1日から×2年3月31日まで 　　　　　（単位：円）

売 上 原 価	（ ）	売 上 高	（ ）
給 料	（ ）		
貸 倒 引 当 金 繰 入	（ ）		
減 価 償 却 費	（ ）		
支 払 家 賃	（ ）		
水 道 光 熱 費	（ ）		
通 信 費	（ ）		
保 険 料	（ ）		
雑 （ ）	（ ）		
支 払 利 息	（ ）		
法人税、住民税及び事業税	（ ）		
当 期 純 （ ）	（ ）		
	（ ）		（ ）

17

第1問 45点

	借 方		貸 方	
	記　　号	金　　額	記　　号	金　　額
1	（　　　）		（　　　）	
	（　　　）		（　　　）	
	（　　　）		（　　　）	
	（　　　）		（　　　）	
2	（　　　）		（　　　）	
	（　　　）		（　　　）	
	（　　　）		（　　　）	
	（　　　）		（　　　）	
3	（　　　）		（　　　）	
	（　　　）		（　　　）	
	（　　　）		（　　　）	
	（　　　）		（　　　）	
4	（　　　）		（　　　）	
	（　　　）		（　　　）	
	（　　　）		（　　　）	
	（　　　）		（　　　）	
5	（　　　）		（　　　）	
	（　　　）		（　　　）	
	（　　　）		（　　　）	
	（　　　）		（　　　）	
6	（　　　）		（　　　）	
	（　　　）		（　　　）	
	（　　　）		（　　　）	
	（　　　）		（　　　）	
7	（　　　）		（　　　）	
	（　　　）		（　　　）	
	（　　　）		（　　　）	
	（　　　）		（　　　）	

（次ページに続く）

（前ページより）

	借　　方		貸　　方	
	記　　号	金　　額	記　　号	金　　額
8	（　　　）		（　　　）	
	（　　　）		（　　　）	
	（　　　）		（　　　）	
	（　　　）		（　　　）	
9	（　　　）		（　　　）	
	（　　　）		（　　　）	
	（　　　）		（　　　）	
	（　　　）		（　　　）	
10	（　　　）		（　　　）	
	（　　　）		（　　　）	
	（　　　）		（　　　）	
	（　　　）		（　　　）	
11	（　　　）		（　　　）	
	（　　　）		（　　　）	
	（　　　）		（　　　）	
	（　　　）		（　　　）	
12	（　　　）		（　　　）	
	（　　　）		（　　　）	
	（　　　）		（　　　）	
	（　　　）		（　　　）	
13	（　　　）		（　　　）	
	（　　　）		（　　　）	
	（　　　）		（　　　）	
	（　　　）		（　　　）	
14	（　　　）		（　　　）	
	（　　　）		（　　　）	
	（　　　）		（　　　）	
	（　　　）		（　　　）	
15	（　　　）		（　　　）	
	（　　　）		（　　　）	
	（　　　）		（　　　）	
	（　　　）		（　　　）	

第2問 20点

(1)

①	②	③

（ a ）	（ b ）	（ c ）

(2)

問1

商 品 有 高 帳

A 商 品

×8年		摘　　要	受　　　入			払　　　出			残　　　高		
			数 量	単 価	金 額	数 量	単 価	金 額	数 量	単 価	金 額
1	1										
	10										
	13										
	20										
	27										

問2

売　上　高	売　上　原　価	売　上　総　利　益
¥	¥	¥

答案用紙

第1回

第2回

第3回

第4回

第5回

第6回

第7回

第8回

第9回

第3問 35点

問1

精　算　表

勘定科目	残高試算表		修正記入		損益計算書		貸借対照表	
	借　方	貸　方	借　方	貸　方	借　方	貸　方	借　方	貸　方
現　　　　　金	135,000							
現 金 過 不 足	3,200							
普 通 預 金	1,630,000							
当 座 預 金		468,000						
売 　掛 　金	880,000							
仮 　払 　金	420,000							
繰 越 商 品	697,000							
建　　　　　物	3,600,000							
備　　　　　品	500,000							
土　　　　　地	4,400,000							
買 　掛 　金		745,000						
借 　入 　金		3,200,000						3,200,000
貸 倒 引 当 金		8,600						
建物減価償却累計額		1,180,000						
備品減価償却累計額		300,000						
資 　本 　金		4,000,000						4,000,000
繰越利益剰余金		1,174,400						1,174,400
売　　　　　上		8,670,000						
仕　　　　　入	5,300,000							
給　　　　　料	1,800,000							
通 　信 　費	26,800							
旅 費 交 通 費	94,000							
保 　険 　料	210,000							
支 払 利 息	50,000							
	19,746,000	19,746,000						
雑 　（　　　　）								
当 座 借 越								
貸倒引当金繰入								
減 価 償 却 費								
（　　　　）利 息								
前 払 保 険 料								
当 期 純（　　　）								

問2　¥（　　　　　　　　）

21

第1問 45点

借 方		貸 方	
記 号	金 額	記 号	金 額
( )		( )	
( )		( )	
( )		( )	
( )		( )	
( )		( )	
( )		( )	
( )		( )	
( )		( )	
( )		( )	
( )		( )	
( )		( )	
( )		( )	
( )		( )	
( )		( )	
( )		( )	
( )		( )	
( )		( )	
( )		( )	
( )		( )	
( )		( )	
( )		( )	
( )		( )	
( )		( )	
( )		( )	
( )		( )	
( )		( )	
( )		( )	
( )		( )	

（次ページに続く）

（前ページより）

	借　　方		貸　　方	
	記　　号	金　　額	記　　号	金　　額
8	（　　　）		（　　　）	
	（　　　）		（　　　）	
	（　　　）		（　　　）	
	（　　　）		（　　　）	
9	（　　　）		（　　　）	
	（　　　）		（　　　）	
	（　　　）		（　　　）	
	（　　　）		（　　　）	
10	（　　　）		（　　　）	
	（　　　）		（　　　）	
	（　　　）		（　　　）	
	（　　　）		（　　　）	
11	（　　　）		（　　　）	
	（　　　）		（　　　）	
	（　　　）		（　　　）	
	（　　　）		（　　　）	
12	（　　　）		（　　　）	
	（　　　）		（　　　）	
	（　　　）		（　　　）	
	（　　　）		（　　　）	
13	（　　　）		（　　　）	
	（　　　）		（　　　）	
	（　　　）		（　　　）	
	（　　　）		（　　　）	
14	（　　　）		（　　　）	
	（　　　）		（　　　）	
	（　　　）		（　　　）	
	（　　　）		（　　　）	
15	（　　　）		（　　　）	
	（　　　）		（　　　）	
	（　　　）		（　　　）	
	（　　　）		（　　　）	

(1)

当 座 預 金

4／ 1 前 期 繰 越 　700,000	4／（　）[　　　　　] 〈　　　　〉	
（　）[　　　　　] 〈　　　　〉	（　）[　　　　　] 〈　　　　〉	
（　）[　　　　　] 〈　　　　〉	（　）[　　　　　] 〈　　　　〉	
	（　）[　　　　　] 〈　　　　〉	
	（　）[　　　　　] 〈　　　　〉	

(2)

①	②	③	④

答案用紙

第1回
第2回
第3回
第4回
第5回
第6回
第7回
第8回
第9回

第3問 35点

貸 借 対 照 表 　　　　　　（単位：円）

現　　　　金	310,000	買　　掛　　金	630,000
普 通 預 金	（　　　　）	（　　　）消費税	（　　　　）
売　掛　金（　　　）		未払法人税等	（　　　　）
貸倒引当金（△　　　）（　　　）		（　　　）費用	（　　　　）
商　　　　品	（　　　　）	借　　入　　金	（　　　　）
（　　　）費用	（　　　　）	預　　り　　金	（　　　　）
建　　　物（　　　）		資　　本　　金	（　　　　）
減価償却累計額（△　　　）（　　　）		繰越利益剰余金	（　　　　）
備　　　　品（　　　）			
減価償却累計額（△　　　）（　　　）			
土　　　　地	2,000,000		
	（　　　　）		（　　　　）

損 益 計 算 書 　　　　　　（単位：円）

売 上 原 価	（　　　　）	売　　上　　高	（　　　　）
給　　　　料	（　　　　）		
法 定 福 利 費	（　　　　）		
支 払 手 数 料	（　　　　）		
租 税 公 課	（　　　　）		
貸倒引当金繰入	（　　　　）		
減 価 償 却 費	（　　　　）		
支 払 利 息	（　　　　）		
その他費用	250,000		
法人税,住民税及び事業税	（　　　　）		
当 期 純 利 益	（　　　　）		
	（　　　　）		（　　　　）

第1問 45点

	借　方		貸　方	
	記　　号	金　　額	記　　号	金　　額
1	(　　　)		(　　　)	
	(　　　)		(　　　)	
	(　　　)		(　　　)	
	(　　　)		(　　　)	
2	(　　　)		(　　　)	
	(　　　)		(　　　)	
	(　　　)		(　　　)	
	(　　　)		(　　　)	
3	(　　　)		(　　　)	
	(　　　)		(　　　)	
	(　　　)		(　　　)	
	(　　　)		(　　　)	
4	(　　　)		(　　　)	
	(　　　)		(　　　)	
	(　　　)		(　　　)	
	(　　　)		(　　　)	
5	(　　　)		(　　　)	
	(　　　)		(　　　)	
	(　　　)		(　　　)	
	(　　　)		(　　　)	
6	(　　　)		(　　　)	
	(　　　)		(　　　)	
	(　　　)		(　　　)	
	(　　　)		(　　　)	
7	(　　　)		(　　　)	
	(　　　)		(　　　)	
	(　　　)		(　　　)	
	(　　　)		(　　　)	

（次ページに続く）

答案用紙

第1回
第2回
第3回
第4回
第5回
第6回
第7回
第8回
第9回

（前ページより）

	借　　方		貸　　方	
	記　　号	金　　額	記　　号	金　　額
8	（　　）		（　　）	
	（　　）		（　　）	
	（　　）		（　　）	
	（　　）		（　　）	
9	（　　）		（　　）	
	（　　）		（　　）	
	（　　）		（　　）	
	（　　）		（　　）	
10	（　　）		（　　）	
	（　　）		（　　）	
	（　　）		（　　）	
	（　　）		（　　）	
11	（　　）		（　　）	
	（　　）		（　　）	
	（　　）		（　　）	
	（　　）		（　　）	
12	（　　）		（　　）	
	（　　）		（　　）	
	（　　）		（　　）	
	（　　）		（　　）	
13	（　　）		（　　）	
	（　　）		（　　）	
	（　　）		（　　）	
	（　　）		（　　）	
14	（　　）		（　　）	
	（　　）		（　　）	
	（　　）		（　　）	
	（　　）		（　　）	
15	（　　）		（　　）	
	（　　）		（　　）	
	（　　）		（　　）	
	（　　）		（　　）	

(1)

①	②	③	④	⑤

(2)

問1

商 品 有 高 帳

先入先出法　　　　　　　　甲 品

×6年		摘　要	受		入	払		出	残		高
			数量	単 価	金 額	数量	単 価	金 額	数量	単 価	金 額
5	1	前月繰越	5	1,200	6,000				5	1,200	6,000
	( )	( )	( )	( )	( )				( )	( )	( )
									( )	( )	( )
	( )	( )				( )	( )	( )	( )	( )	( )
	( )	( )	( )	( )	( )				( )	( )	( )
									( )	( )	( )
	( )	( )				( )	( )	( )	( )	( )	( )
	( )	( )	( )	( )	( )				( )	( )	( )
	( )	( )				( )	( )	( )	( )	( )	( )
	31	次月繰越				( )	( )	( )			
	( )		( )	( )		( )	( )	( )			
6	1	前月繰越	( )	( )	( )				( )	( )	( )

問2　×6年5月の売上総利益　（　　　　　　　　円　）

28

第3問 35点

問1

決算整理後残高試算表

×8年3月31日　　　　　　　　（単位：円）

借　方	勘 定 科 目	貸　方
	現　　　　　金	
	当 座 預 金	
	受 取 手 形	
	売 　 掛 　 金	
	繰 越 商 品	
	貯 　 蔵 　 品	
	（　　　）保険料	
	（　　　）利　息	
	貸 　 付 　 金	
	建　　　　　物	
	備　　　　　品	
	土　　　　　地	
	支 払 手 形	
	買 　 掛 　 金	
	前 　 受 　 金	
	未 払 消 費 税	
	貸 倒 引 当 金	
	建物減価償却累計額	
	備品減価償却累計額	
	資 　 本 　 金	
	繰越利益剰余金	
	売　　　　　上	
	受 取 利 息	
	仕　　　　　入	
	給　　　　　料	
	減 価 償 却 費	
	貸倒引当金繰入	
	通 　 信 　 費	
	租 税 公 課	
	保 　 険 　 料	
	雑　　　　　損	

問2

当期純（　　　　）

¥

第1問 45点

	借 方		貸 方	
	記　号	金　額	記　号	金　額
1	（　　　）		（　　　）	
	（　　　）		（　　　）	
	（　　　）		（　　　）	
	（　　　）		（　　　）	
2	（　　　）		（　　　）	
	（　　　）		（　　　）	
	（　　　）		（　　　）	
	（　　　）		（　　　）	
3	（　　　）		（　　　）	
	（　　　）		（　　　）	
	（　　　）		（　　　）	
	（　　　）		（　　　）	
4	（　　　）		（　　　）	
	（　　　）		（　　　）	
	（　　　）		（　　　）	
	（　　　）		（　　　）	
5	（　　　）		（　　　）	
	（　　　）		（　　　）	
	（　　　）		（　　　）	
	（　　　）		（　　　）	
6	（　　　）		（　　　）	
	（　　　）		（　　　）	
	（　　　）		（　　　）	
	（　　　）		（　　　）	
7	（　　　）		（　　　）	
	（　　　）		（　　　）	
	（　　　）		（　　　）	
	（　　　）		（　　　）	

（次ページに続く）

前ページより）

	借　方		貸　方	
	記　号	金　額	記　号	金　額
8	（　　）		（　　）	
	（　　）		（　　）	
	（　　）		（　　）	
	（　　）		（　　）	
9	（　　）		（　　）	
	（　　）		（　　）	
	（　　）		（　　）	
	（　　）		（　　）	
10	（　　）		（　　）	
	（　　）		（　　）	
	（　　）		（　　）	
	（　　）		（　　）	
11	（　　）		（　　）	
	（　　）		（　　）	
	（　　）		（　　）	
	（　　）		（　　）	
12	（　　）		（　　）	
	（　　）		（　　）	
	（　　）		（　　）	
	（　　）		（　　）	
13	（　　）		（　　）	
	（　　）		（　　）	
	（　　）		（　　）	
	（　　）		（　　）	
14	（　　）		（　　）	
	（　　）		（　　）	
	（　　）		（　　）	
	（　　）		（　　）	
15	（　　）		（　　）	
	（　　）		（　　）	
	（　　）		（　　）	
	（　　）		（　　）	

第2問 **20点**

(1)

備　　　品

日　　付	摘　　要	借　　方	日　　付	摘　　要	貸　　方
×8 4 1	（　　　　　）	（　　　　　）	×9 3 31	（　　　　　）	（　　　　　）
×9 2 1	普 通 預 金	（　　　　　）			
	（　　　　　）	（　　　　　）			（　　　　　）

備品減価償却累計額

日　　付	摘　　要	借　　方	日　　付	摘　　要	貸　　方
×9 3 31	（　　　　　）	（　　　　　）	×8 4 1	（　　　　　）	（　　　　　）
			×9 3 31	（　　　　　）	（　　　　　）
	（　　　　　）	（　　　　　）			（　　　　　）

(2)

	現　　金 出 納 帳	当座預金 出 納 帳	受取手形 記 入 帳	支払手形 記 入 帳	売 掛 金 元　　帳	買 掛 金 元　　帳	仕 入 帳	売 上 帳	商　　品 有 高 帳	固定資産 台　　帳
1										
2										
3										
4										
5										

第3問 35点

損 益 計 算 書

○○株式会社　　×7年（　）月（　）日〜×8年（　）月（　）日　　（単位：円）

費　　用	金　　額	収　　益	金　　額
売 上 原 価	（　　　　　）	売 上 高	（　　　　　）
給　　料	（　　　　　）	受 取 手 数 料	（　　　　　）
広 告 宣 伝 費	（　　　　　）		
支 払 家 賃	（　　　　　）		
貸倒引当金繰入	（　　　　　）		
減 価 償 却 費	（　　　　　）		
支 払 利 息	（　　　　　）		
雑　　　損	（　　　　　）		
法人税、住民税及び事業税	（　　　　　）		
当 期 純 利 益	（　　　　　）		
	（　　　　　）		（　　　　　）

貸 借 対 照 表

○○株式会社　　×8年（　）月（　）日　　（単位：円）

資　　産	金　　額	負債及び純資産	金　　額
現　　金	（　　　　　）	支 払 手 形	（　　　　　）
受 取 手 形	（　　　　）	買 掛 金	（　　　　　）
貸 倒 引 当 金	（△　　　）（　　　　）	借 入 金	（　　　　　）
売 掛 金	（　　　　）	未払法人税等	（　　　　　）
貸 倒 引 当 金	（△　　　）（　　　　）	未 払 消 費 税	（　　　　　）
商　　品	（　　　　　）	未 払 費 用	（　　　　　）
前 払 費 用	（　　　　　）	資 本 金	（　　　　　）
未 収 収 益	（　　　　　）	繰越利益剰余金	（　　　　　）
備　　品	（　　　　）		
減価償却累計額	（△　　　）（　　　　）		
土　　地	（　　　　　）		
	（　　　　　）		（　　　　　）

第1問 45点

	借 方		貸 方	
	記　　号	金　　額	記　　号	金　　額
1	（　　　）		（　　　）	
	（　　　）		（　　　）	
	（　　　）		（　　　）	
	（　　　）		（　　　）	
2	（　　　）		（　　　）	
	（　　　）		（　　　）	
	（　　　）		（　　　）	
	（　　　）		（　　　）	
3	（　　　）		（　　　）	
	（　　　）		（　　　）	
	（　　　）		（　　　）	
	（　　　）		（　　　）	
4	（　　　）		（　　　）	
	（　　　）		（　　　）	
	（　　　）		（　　　）	
	（　　　）		（　　　）	
5	（　　　）		（　　　）	
	（　　　）		（　　　）	
	（　　　）		（　　　）	
	（　　　）		（　　　）	
6	（　　　）		（　　　）	
	（　　　）		（　　　）	
	（　　　）		（　　　）	
	（　　　）		（　　　）	
7	（　　　）		（　　　）	
	（　　　）		（　　　）	
	（　　　）		（　　　）	
	（　　　）		（　　　）	

（次ページに続く）

答案用紙

第1回
第2回
第3回
第4回
第5回
第6回
第7回
第8回
第9回

（前ページより）

	借　方		貸　方	
	記　　号	金　　額	記　　号	金　　額
8	（　　　）		（　　　）	
	（　　　）		（　　　）	
	（　　　）		（　　　）	
	（　　　）		（　　　）	
9	（　　　）		（　　　）	
	（　　　）		（　　　）	
	（　　　）		（　　　）	
	（　　　）		（　　　）	
10	（　　　）		（　　　）	
	（　　　）		（　　　）	
	（　　　）		（　　　）	
	（　　　）		（　　　）	
11	（　　　）		（　　　）	
	（　　　）		（　　　）	
	（　　　）		（　　　）	
	（　　　）		（　　　）	
12	（　　　）		（　　　）	
	（　　　）		（　　　）	
	（　　　）		（　　　）	
	（　　　）		（　　　）	
13	（　　　）		（　　　）	
	（　　　）		（　　　）	
	（　　　）		（　　　）	
	（　　　）		（　　　）	
14	（　　　）		（　　　）	
	（　　　）		（　　　）	
	（　　　）		（　　　）	
	（　　　）		（　　　）	
15	（　　　）		（　　　）	
	（　　　）		（　　　）	
	（　　　）		（　　　）	
	（　　　）		（　　　）	

第2問 20点

(1)

支　払　利　息

×2年7/31	（　）	（　）		×2年4/1	（　）	（　）	
×3年3/31	（　）	（　）		×3年3/31	（　）	（　）	
		（　）				（　）	

（　）利　息

×2年4/1	（　）	（　）		×2年4/1	前期繰越	（　）	
×3年3/31	次期繰越	（　）		×3年3/31	（　）	（　）	
		（　）				（　）	
				×3年4/1	前期繰越	（　）	

(2)

①	②	③	④

36

第3問 35点

問1

精 算 表

勘定科目	試算表 借方	試算表 貸方	修正記入 借方	修正記入 貸方	損益計算書 借方	損益計算書 貸方	貸借対照表 借方	貸借対照表 貸方
現　　　　金	27,000							
当 座 預 金	391,000							
受 取 手 形	400,000							
売 　掛 　金	564,000							
仮 　払 　金	5,000							
仮 払 消 費 税	282,000							
繰 越 商 品	123,000							
未 収 入 金	353,000							
土 　　　地	350,000							
建 　　　物	1,800,000							
支 払 手 形		275,000						
買 　掛 　金		207,000						
社会保険料預り金		2,500						
借 　入 　金		450,000						
未 　払 　金		170,000						
仮 受 消 費 税		409,000						
貸 倒 引 当 金		25,000						
建物減価償却累計額		144,000						
資 　本 　金		1,000,000						
繰越利益剰余金		514,500						
売 　　　上		4,090,000						
受 取 手 数 料		60,000						
受 取 家 賃		600,000						
仕 　　　入	2,820,000							
給 　　　料	546,500							
法 定 福 利 費	27,500							
支 払 地 代	240,000							
雑 　　　費	13,500							
支 払 利 息	4,500							
	7,947,000	7,947,000						
固定資産売却（　　）								
雑　　（　　　　）								
貸倒引当金繰入								
減 価 償 却 費								
（　　　）利 息								
（　　　）家 賃								
未 払 消 費 税								
当期純（　　　　）								

問2

決算整理後の建物の帳簿価額	円

37